U0140030

狄膺日記

1953

下冊

The Diaries of Ti Ying（Diffoutine Yin）

1953

- Section II -

狄　膺　原著

王文隆　主編

民國日記｜總序

呂芳上
民國歷史文化學社社長

　　人是歷史的主體，人性是歷史的內涵。「人事有代
謝，往來成古今」（孟浩然），瞭解活生生的「人」，
才較能掌握歷史的真相；愈是貼近「人性」的思考，才
愈能體會歷史的本質。近代歷史的特色之一是資料閎
富而駁雜，由當事人主導、製作而形成的資料，以自
傳、回憶錄、口述訪問、函札及日記最為重要，其中
日記的完成最即時，描述較能顯現內在的幽微，最受
史家重視。

　　日記本是個人記述每天所見聞、所感思、所作為
有選擇的紀錄，雖不必能反映史事整體或各個部分的所
有細節，但可以掌握史實發展的一定脈絡。尤其個人日
記一方面透露個人單獨親歷之事，補足歷史原貌的闕
漏；一方面個人隨時勢變化呈現出不同的心路歷程，對
同一史事發為不同的看法和感受，往往會豐富了歷史
內容。

　　中國從宋代以後，開始有更多的讀書人有寫日記的
習慣，到近代更是蔚然成風，於是利用日記史料作歷史

研究成了近代史學的一大特色。本來不同的史料，各有
不同的性質，日記記述形式不一，有的像流水帳，有
的生動引人。日記的共同主要特質是自我（self）與私
密（privacy），史家是史事的「局外人」，不只注意史
實的追尋，更有興趣瞭解歷史如何被體驗和講述，這
時對「局內人」所思、所行的掌握和體會，日記便成
了十分關鍵的材料。傾聽歷史的聲音，重要的是能聽
到「原音」，而非「變音」，日記應屬原音，故價值
高。1970 年代，在後現代理論影響下，檢驗史料的潛
在偏見，成為時尚。論者以為即使親筆日記、函札，亦
不必全屬真實。實者，日記記錄可能有偏差，一來自時
代政治與社會的制約和氛圍，有清一代文網太密，使讀
書人有口難言，或心中自我約束太過。顏李學派李塨死
前日記每月後書寫「小心翼翼，俱以終始」八字，心所
謂為危，這樣的日記記錄，難暢所欲言，可以想見。二
來自人性的弱點，除了「記主」可能自我「美化拔高」
之外，主觀、偏私、急功好利、現實等，有意無心的記
述或失實、或迴避，例如「胡適日記」於關鍵時刻，不
無避實就虛，語焉不詳之處；「閻錫山日記」滿口禮義
道德，使用價值略幾近於零，難免令人失望。三來自旁
人過度用心的整理、剪裁、甚至「消音」，如「陳誠日
記」、「胡宗南日記」，均不免有斧鑿痕跡，不論立意
多麼良善，都會是史學研究上難以彌補的損失。史料之
於歷史研究，一如「盡信書不如無書」的話語，對證、
勘比是個基本功。或謂使用材料多方查證，有如老吏斷
獄、法官斷案，取證求多，追根究柢求其細，庶幾還

原案貌，以證據下法理註腳，盡力讓歷史真相水落可石出。是故不同史料對同一史事，記述會有異同，同者互證，異者互勘，於是能逼近史實。而勘比、互證之中，以日記比證日記，或以他人日記，證人物所思所行，亦不失為一良法。

從日記的內容、特質看，研究日記的學者鄒振環，曾將日記概分為記事備忘、工作、學術考據、宗教人生、游歷探險、使行、志感抒情、文藝、戰難、科學、家庭婦女、學生、囚亡、外人在華日記等十四種。事實上，多半的日記是複合型的，柳貽徵說：「國史有日歷，私家有日記，一也。日歷詳一國之事，舉其大而略其細；日記則洪纖必包，無定格，而一身、一家、一地、一國之真史具焉，讀之視日歷有味，且有補於史學。」近代人物如胡適、吳宓、顧頡剛的大部頭日記，大約可被歸為「學人日記」，余英時翻讀《顧頡剛日記》後說，藉日記以窺測顧的內心世界，發現其事業心竟在求知慾上，1930年代後，顧更接近的是流轉於學、政、商三界的「社會活動家」，在謹厚恂恂君子後邊，還擁有激盪以至浪漫的情感世界。於是活生生多面向的人，因此呈現出來，日記的作用可見。

晚清民國，相對於昔時，是日記留存、出版較多的時期，這可能與識字率提升、媒體、出版事業發達相關。過去日記的面世，撰著人多半是時代舞台上的要角，他們的言行、舉動，動見觀瞻，當然不容小覷。但，相對的芸芸眾生，識字或不識字的「小人物」們，在正史中往往是無名英雄，甚至於是「失蹤者」，他們

如何參與近代國家的構建，如何共同締造新社會，不應該被埋沒、被忽略。近代中國中西交會、內外戰事頻仍，傳統走向現代，社會矛盾叢生，如何豐富歷史內涵，需要傾聽社會各階層的「原聲」來補足，更寬闊的歷史視野，需要眾人的紀錄來拓展。開放檔案，公布公家、私人資料，這是近代史學界的迫切期待，也是「民國歷史文化學社」大力倡議出版日記叢書的緣由。

狄膺日記導言

王文隆

南開大學歷史學院副教授

一、狄膺生平

狄膺（1896-1964），江蘇省太倉縣璜涇鎮人，為溧陽（舊稱平陵）胥渚狄氏之衍族，原名福鼎，字君武，自號邃思齋主、平常老人，1896 年 1 月 3 日（光緒 21 年 11 月 19 日）生於璜涇鎮，為長子，上有一姐穎芬，下有福震、福晉、福豫三弟，育有原滄（字公望）、原溟（字寧馨）二子。[1] 曾祖父狄勷為生員，嗣祖父狄本仁為國學生，生祖父狄景仁業儒，太平天國之亂後改執棉布業，父親狄為璋曾舉太倉州學秀才第一，上海龍門師範學堂文科卒業，時為私塾老師，後任小學教員及校長，母親陸藏貞。先生五歲認字，1906 年（光緒 32 年）改入高等小學，1908 年（光緒 34 年）冬考入龍門師範學堂，在學五年期間，經歷了辛亥革命，該校改名為江蘇省立第二師範學校，1914 年畢業後，至崑山縣第二高小任教達一年半。[2]

1916 年，先生以國學特別優長，考入北京大學哲學系，名列第八。羅家倫回憶道：

1　狄膺，〈十載追思〉，狄君武先生遺稿整編小組編，《狄君武先生遺稿》（臺北：中國國民黨黨史史料編纂委員會，1965），頁 10；平陵狄氏宗譜續家譜編修工作組，《平陵狄氏宗譜》（北京：家屬自印，2018），頁 19。

2　狄膺，〈狄膺自傳〉，狄君武先生遺稿整編小組編，《狄君武先生遺稿》，頁 2-3。

狄君武先生與我相識遠在 1917 年北京大學西齋 4 號房間。這號房間裡共住 4 人，為傅孟真、顧頡剛、周烈亞、狄君武。我因為同孟真、頡剛都對文學革命運動有很大的興趣，故常到 4 號商討編撰和出版《新潮》問題。君武此時雖在哲學系，卻愛好「選學」，常常填詞作曲以就正於黃季剛、吳瞿安兩先生。烈亞則治佛學，後來做西湖某大叢林的住持。「道並行而不相悖」，正是當時的氣氛。[3]

1919 年，五四運動爆發，許多知識青年紛紛走上街頭抗爭，也有許多學生被捕入獄。羅家倫也回憶與狄膺參與的一段：

到了「五四」運動發生的時候，波濤洶湧，君武見外患日迫，軍閥專橫，於是一變其文人積習，而投身於此一運動。如營救五四到六三間陸續被捕之同學一幕，他和我在晚間帶了些食品和內衣等到警察廳內的看守所去「探監」。一進廳門，衛兵均以刺刀相向。我要和他一道進去，他力阻我同去。他說：「他們認得你，不認得我。」又說：「你會同他們爭執，讓我單獨去罷！」我不肯，終於同進去。他以和善口吻，說太倉人學講的北京話，對方看他是一個十足的文弱書生，態度也就和緩下來了。這是他在「秀才遇到兵」的場合中，能應變的一幕。以後幾次類似的交涉，同學們都推他去辦。[4]

3 羅家倫，〈前言〉，狄君武先生遺稿整編小組編，《狄君武先生遺稿》，頁 1。
4 羅家倫，〈前言〉，頁 1。

可見狄膺在學潮中之處事應對得當，分寸拿捏得宜。

1919 年夏天畢業後，狄膺回到江蘇省立第二師範母校任教，次年 1 月與任教於小學的顧瑛（字綴英）結婚。1921 年 7 月，狄膺響應吳稚暉的號召，參加勤工儉學行列，赴法就學於中法大學研究院為特別生，並於留法期間加入中國國民黨。1925 年冬因父親重病，自法歸國甫一個月，父親便過世。1926 年夏赴廣州，供職於國民黨中央政治會議祕書處，和葉楚傖共事，自此參與黨政工作。1927 年，南京國民政府建立後，歷任國民黨南京市黨部宣傳部部長、國民黨江蘇省黨部指導委員。1931 年 10 月起任立法委員，後於 1933 年與 1935 年連任。黨務工作方面，1935 年，他當選為國民黨第五屆候補中央監察委員。1938 年，任國防最高委員會第三處處長。1942 年 12 月，任國民黨中央執行委員會副祕書長。[5] 1945 年，任國民黨第六屆中央執行委員、中央監察委員會祕書長。抗戰勝利後，當選為制憲國民大會代表。1947 年，任中央政治委員會委員。1948 年，在戶籍地以三十萬票高票當選為第一屆立法委員。1949 年，國共內戰局勢不變，自成都經海口遷至臺灣，妻子滯留南京，原滄、原溟兩兒滯留北平，分別就讀北大與清華，狄膺孤身一人赴臺，血親僅二房姪長女狄原湛和其夫婿施文耀來臺。1950 年，任國民黨中央改造委員會紀律委員會副主任委員。1952 年，改任黨史史料編纂委員會副主任委員，為主委羅家倫之副手，並為國民黨中央第七至九屆中央評議委員。黨史史料編纂委員會副主任委員一職可謂閒缺，加以立法委員之收入，生活大抵無虞，然因家人皆

---

5 狄膺，〈狄膺自傳〉，頁 3-4。

不在身邊，家無定居，食無定所。[6] 或因他在臺孤身一人，經常出外遊覽，對於同鄉活動參與頗多，對後進照顧亦深。1955 年 6 月中，因糖尿病引發眼底視網膜血管破裂，左眼失明，目力漸衰，以單一目視，書寫行斜字歪。[7] 狄膺入臺北廣州街中心診所診治，後送至聯勤醫院，醫師吳靜稱他有六病，一齒、二腰、三糖尿、四慢性膽囊炎、五眼翳障、六機能性腦血管痙攣，身體狀況惡劣，這使得他在 1955 年 4 月至 6 月及 1955 年 7 月至 9 月兩冊日記的封面，特別寫上了「病」字。[8] 身體漸弱後，他鮮少應允外界題字的請託，然于右任於 1958 年在臺北復辦粥會，該會以「閒話家常，笑談古今」為宗旨，洽合先生寓於詩文的雅緻，故積極參與，並於次年粥會欲置辦會所時，勉力提筆，鬻字贊助，協助集資。[9]

　　先生晚年困於糖尿病，身體欠佳，不僅視力受損，且患有慢性腹瀉，1962 年清明節前遊歷新竹，返家發現右肢麻木，口不能言，驚覺中風，送榮民總醫院緊急救治，而後時臥病榻，至 1964 年 3 月 15 日因感染肺炎辭世，享年七十歲。[10] 狄膺過世後，因無家人在臺，全由國民黨中央協助照料後事並舉辦公祭，出席者二千餘人，同年 6 月 28 日，葬於新竹市青草湖畔靈隱寺旁自擇墓地。限於兩岸政治分隔，狄膺墓地由姪女一家維護，狄膺直

6　〈狄膺先生事略〉，國史館編，《國史館現藏民國人物傳記史料彙編》，第 11 輯（臺北：國史館，1994），頁 137-138。

7　狄膺，〈除夕歲前短語〉，狄君武先生遺稿整編小組編，《狄君武先生遺稿》，頁 84；狄膺，〈學書自敘〉，狄君武先生遺稿整編小組編，《狄君武先生遺稿》，頁 87。

8　狄膺，《邃思齋日記》，1955 年 6 月 29 日，《狄膺檔案》，中國國民黨黨史館藏，檔號：膺 1317.25。

9　〈重建粥會聚會所　狄膺鬻字籌款〉，《中央日報》，1959 年 9 月 27 日，第五版。

10　杜負翁，〈悼狄膺〉，《中央日報》，1964 年 3 月 19 日，第六版。

系子孫直到兩岸和緩後，才獲准赴臺祭掃。

二、《狄膺日記》的來由

　　狄膺生前最終黨職為黨史會副主委，因他的直系親屬都滯留大陸，其後事全由黨部同仁操辦，在兩岸敵對的大環境下，狄膺身後遺留的財產與負債僅能由中央黨部代為處理。為此，黨部特別組織狄膺先生遺物委員會，由時任交通部政務次長的張壽賢為主席，除邀請黨部相關單位派員參與之外，亦邀請姪女婿施文耀為家屬代表出席。委員會決定狄膺遺產中，收支絀餘扣除應納稅款以及親友積欠後賸下近二萬二千元新臺幣移作治喪費用，豁免狄膺積欠黨部與黨史會的近五萬元，協助出售金華街房產之剩餘部分填入治喪款中，鋼筆、輓聯及私人用具交施文耀收存，另密函狄夫人報喪，並收得狄夫人回函。[11] 中央公教人員保險金的出險部分，匯存香港上海銀行，以狄夫人名義存入，曾成功匯撥一筆三百港幣進入大陸。或因大陸當時政治氣氛影響，後狄夫人來信關切出售房產之剩餘，並告以暫緩匯款。[12] 依照委員會決議，實體文物由黨史會史庫收存，納為館藏，包括狄膺之日記、家譜、賬本、金石、相簿、文件、圖書等。在狄膺先生遺物委員會的紀錄中，雖稱接獲狄夫人來函，但文件中未見存檔，然從狄夫人曉得狄膺之房產處置以及保險金收取等事推斷，委員會之決

---

11 「狄君武先生遺物處理委員會第一次會議」（1964 年 4 月 21 日），《狄膺檔案》，中國國民黨黨史館藏，檔號：膺 685-2；「狄君武先生遺物處理委員會第五次會議」（1964 年 9 月 11 日），《狄膺檔案》，中國國民黨黨史館藏，檔號：膺 685-6。

12 「狄君武先生遺物處理委員會第四次會議」（1964 年 9 月 11 日），《狄膺檔案》，中國國民黨黨史館藏，檔號：膺 685-5；「狄君武先生遺物處理委員會第五次會議」（1964 年 11 月 14 日），《狄膺檔案》，中國國民黨黨史館藏，檔號：膺 685-6。

議狄夫人理應知情，而委員會中亦有姪女婿代表家屬發言，對於委員會的決定也應知曉。大陸歷經多次政治運動與文化大革命的動盪，狄家因狄膺為國民黨高級幹部，也多受牽連。狄夫人於1978年辭世。狄原滄、原溟二子，自從兩岸開放之後，才得赴臺祭掃，並多次去函國民黨表達取回狄氏家譜，以及部分私人物品、照片、金石的願望，然皆未果。

筆者自2012年10月接任中國國民黨文傳會黨史館主任，在史料庫房搬遷完竣之後，恢復資料開放，也將《狄膺日記》列上開放時程。狄家後人於2015年5月，一方面透過狄原溟之女狄蘭來函，一方面透過姪女狄源湛之子施銘成、施銘賢親訪，再度表達希望黨部歸還家譜的願望，經轉陳文傳會主委林奕華，再續報祕書長李四川同意後，於該年6月2日將家譜、戶口名簿、病歷、部分私人照片及印鑑等奉還家屬代表狄蘭查收。黨史館復藉此機會取得家屬同意，在館內開放《狄膺日記》及其賬本。因為此番結緣，2020年時也獲得家屬同意與授權，藉由民國文化學社協助，將《狄膺日記》鍵錄出版，俾利學界研究利用，深謝家屬慨允與學社的支持，歷經三年時間的整理，共得百萬餘字的日記，分批出版。

三、《狄膺日記》的價值

狄膺向有做紀錄的習慣，主要有兩類，一是賬本，一是日記。前者始自1933年，終於1962年3月的《不宜悉記，不可不記》，共十二冊。狄膺記賬始於上龍門師範學堂一年級時，當時一個月僅得十元，必須記賬撙節，而自記賬本取名有其思路，他說「不宜悉記者，記賬時偶忘之，不苦加思索，施不則償，不必誌其姓氏；不可不記者，人之厚我，我所欠人，何可一日忘之者

是也。」[13] 雖說是不宜悉記，但賬本內容鉅細靡遺，舉凡各項收入、日常飯食、往來交際、生活採買、車船交通、納款繳費，只要是錢款往來，幾乎無一不錄，由是透過他的賬本，不僅能呈現出一部穿越抗戰、內戰及至遷臺的社會史，也能是觀察貨幣與通澎的經濟史。後者為始自 1950 年 1 月，終於 1960 年 12 月的《邃思齋日記》，共四十七冊，主要集中在遷臺之後的記述。狄膺寫日記，開始得很早，從他八歲開始便就有不全的日記，十四歲起陸續成冊，自題為《雁月樓日記》。結婚之後，仍有撰寫日記的習慣，但因將同太太爭執的細節也寫進日記，惹得太太不高興抗議，才不再寫。留法期間曾做記事，返國後因任職中央政治會議祕書，擔心一不小心洩漏機密，暫停日記，直到遷移來臺之後，才復記日記。[14] 日記的內容一如賬簿一般瑣碎，除了流水賬式的記事之外，也將友人的聯繫方式、往來信函、時事感言、故事雜記、奇聞軼事散記其中，甚至連吃飯的桌次、菜譜都不漏。一日之記事最多能達數頁，舉凡天氣、路況、心情、談話與路徑都能寫入，間或夾雜 1950 年之前的追記與回憶，可說無所不包。

對於書寫來說，瑣碎是一項缺點，但對於史料價值而言，瑣碎有時反而留存了更多資訊。或因狄膺在臺灣大多時間自甘平淡，對於官場、權勢、財富都沒有強烈慾望，家人多不在身邊也少了些許煩惱，有了大把時間可以記事，將走訪各地的見聞，與朋友、同鄉、粥會的往來，化為文字，搭配上羅家倫為其編輯出版的《狄君武先生遺稿》很能作為政府遷臺初期日常生活史、社

13 狄膺，〈（七）〉（1944 年 9 月 1 日），狄君武先生遺稿整編小組編，《狄君武先生遺稿》，頁 42。

14 狄膺，〈邃思齋日記序〉，狄君武先生遺稿整編小組編，《狄君武先生遺稿》，頁 88。

會經濟史、飲食文化史的素材，對於了解外省族群來臺後的情況也能有所管窺。於目前史學界流行的戰後離散史之研究提供絕佳資料。只可惜狄膺來臺之前的日記與圖書，因戰亂關係，已經全數佚失，現僅存來臺之後的部分，之前的相關內容完全闕如，不無遺憾。

四、結語

狄膺自號「平常老人」，寓意為「一個普通的年邁者」，然而這個孤身來台的普通人，雖能藉著參與北大校友會、蘇松太同鄉聯誼會，以及台北粥會的機會，與友朋交遊，到各處就餐，或是前往姪女處走動，但總還是常念及滯留大陸的妻小，有時還會悲從中來。1951 年 1 月 2 日元旦假期間，自記：「今晨在動物園見母猴偎乳其獼，為之捉蚤，親愛之極，無可比方。頓念先慈恩愛，又惜二兒長違，心痛淚流，難以解釋。」[15] 這份「難以解釋」，除了對家鄉和孩子的思念之外，也是深知兩兒滯留大陸且與自己立場不同，終是難以再見的悲苦，只能暗自淚眼婆娑，不足為外人道也。相似的心緒，偶而也會在他心中浮起，他左眼失明後的第一個除夕夜裡，自記道：「余過除夕，不能不憶家鄉，又不能不憶已過之穎姊、祝妹、受祥，遠離之公望、寧馨。余孑然一身，中心起伏萬狀，遇節更悲，非他人所可體會也。」[16] 這位普通老人的心情，在大時代洪流的衝撞下，也有他難以言喻的一面。

---

15 狄膺，《遼思齋日記》，1951 年 1 月 2 日，《狄膺檔案》，中國國民黨黨史館藏，檔號：膺 1317.3。

16 狄膺，《遼思齋日記》，1956 年 2 月 11 日，《狄膺檔案》，中國國民黨黨史館藏，檔號：膺 1317.28。

　　史料為公器，資料公開能使過去撥雲見日。黨史館所藏《狄膺日記》在家屬的支持下，不刪改任何一字，不遮掩任何一段，全部判讀後鍵錄出版，是一份新史料的公布，也是一份新素材的揭露，吾人能透過狄膺手書的紀錄，回過頭去看看 1950 年代臺灣社會的種種，無論是採取個人史的微觀，或是將狄膺所記作為取材的一項，都頗具價值。

民國史百寶箱：
《狄膺日記》與我

劉維開
國立政治大學歷史學系退休教授

　　民國歷史文化學社要出版前中國國民黨黨史史料編纂委員會副主任委員狄膺遺存的日記，編輯們由日記中知道狄膺生前與先父劉象山多有往來，要我對日記的出版寫一些話。

　　狄膺過世的時候，我年紀還小，不確定在他生前有沒有見過，但是在他過世後，印象中有一年，先父母帶著我和妹妹專程到新竹青草湖拜謁狄膺墓，父親在墓前說「給狄公公行禮」，帶領我們恭敬的行三鞠躬禮。狄膺過世後，他的資料保存在黨史會，我到黨史會工作後，偶有機會與管理史料的阮繼光先生談話，他不止一次的對我說：「狄膺檔案中有不少你父親的資料」，但是我當時沒有想到要看這些資料，現在感到有些後悔。當時如果調出日記查閱，對於日記中提到的一些人事，可以詢問先父母，現在則沒有辦法。

　　先父早年從事黨務工作，與狄膺應該有一些見面的場合，但是據先父自述，兩人交往是在 1945 年中國國民黨舉行第六次全國代表大會。當時狄膺是中央黨部副祕書長，先父是黨部專門委員，調派到狄膺的辦公室工作，擔任大會祕書。兩人均喜好詩文，且有共同熟識的友人，來往逐漸密切。先父留存一本大陸時

期的詩稿，其中有多首與狄膺有關的詩作，時間大概在 1945 年左右。此後兩人時有詩作酬和，狄膺有時不欲將父親詩作再錄於日記上，要他直接書寫於日記上，我在日記中見到兩處父親的筆跡。

　　先父於 1949 年離開北平後，一路輾轉到臺灣，再到香港，爾後接受狄膺建議，至海南島任職，之後再到臺灣。這段經過，《狄膺日記》中記事和先父的回憶大致相同，看到 4 月 4 日記有「下午覆劉象山、陳幹興、孔鑄禹書」，孔鑄禹、陳幹興（本）是先父在海南任職時結識的好友。孔鑄禹伯伯幾乎每年會來臺灣參加十月慶典活動，他的兩個孩子在臺灣接受大學教育，常到家裡，和我們的關係如同家人；陳幹興則是每隔一段時間會和父親通信，我印象最深的是他寄來的一件孫中山手書「燕歌行」影本，父親特地將它裝框掛在牆上。孔、陳兩位應該是狄膺居留廣州期間，往來香港、海南時所結識，他曾經介紹孔鑄禹為海口中央日報黨股代表人，與陳幹興（本）則是時有詩作往來。

　　狄膺在中國國民黨六全大會後改任中央監察委員會祕書長，行憲後當選第一屆立法委員，這兩個職務使他在 1949 年大多數的時間跟著中央黨部與立法院移動。2 月初，中央黨部與行政院相繼遷廣州辦公，大部分的立法委員也都到了廣州。狄膺於 1 月底從南京到上海，2 月 5 日搭乘海平輪，於 9 日抵達廣州；10 月 12 日，由廣州搭機隨中央黨部及政府遷重慶辦公；11 月 29 日因重慶情勢危急，飛抵成都；12 月 5 日，成都危急，搭機至海口，30 日自海口飛新竹，31 日抵臺北，暫住其姪女原湛與姪女婿施文耀寓所，後得臺灣鐵路管理局（簡稱「鐵路局」）局長莫衡（葵卿）同意，居住在臺北市西寧北路 6 號鐵路招待所相當一段時間。對於這段經歷，他在《不宜悉記不可不記》賬冊中，有

詳細的紀錄。

狄膺來臺初期，需要處理中央監察委員會事務，同時出席立法院相關會議，事務較為繁忙；中國國民黨改造後，中央監察委員會結束，改任紀律委員會副主任委員，除了參加黨內總理紀念週等活動外，主要是出席立法院相關會議。閒暇時間則是探親訪友、定期參加崑曲聚會，以及和友人打麻將。他常在早年曾服務於交通界的錢探斗，以及當時任鐵路局材料處處長王世勣（為俊）兩人的家中打麻將，輸贏都記在《不宜悉記不可不記》賬冊中。

王、錢兩位都是我的長輩，王世勣與日記中所記郁佩芳是夫妻，亦是先母的寄爹、寄媽，我稱他們為外公、外婆；錢探斗是先母乾媽錢馨斯的兄弟，張藕兮是他的妻子，我稱他們為錢公公、錢婆婆。王、錢兩家住的很近，王世勣家在長安東路二段、中山女高對面；錢探斗家在建國北路一段三十三巷；長安東路和建國北路成垂直狀，印象中兩家的房子就是背靠背。王世勣的籍貫是福建林森，但是出生在蘇州，實際上是蘇州人；錢探斗是太倉人，和狄膺是同鄉。在日記中還有一位在王世勣家打牌的友人陳敏，我稱她為陳婆婆，在行政院新聞局工作，和先母的關係很好，隔一段時間會到家裡找先母聊天。在 1954 年 2 月的日記中，有一段記道：「張毓貞、丁淑貞、侯佩尹、顏叔養均來，同張、侯到梅龍鎮吃包子。」當日的賬本上有：「付張毓貞同食點二十元。」張毓貞即是先母，我之前以為先母認識狄膺，是因為先父的關係，但是這個時候先父母還沒有結婚，看到日記這些記事，或許與王、錢兩家有關。

狄膺的交遊廣闊，友人甚多，加上博聞強記，日記中除了每天的活動記事外，還包括許多所聽聞的歷史掌故、人物軼事，如

鈕永建自述參加革命經過、吳鐵城自述訪日與麥克阿瑟談話要點、張知本談政學會與政學系、周佩箴談浙江革命黨事等等，每一段都是民國史上重要的資料。張靜江病逝後，狄膺將所聽聞張氏生平軼事、易簀前情形以及張氏譜系等通通記在日記上，可以說是張靜江重要傳記資料。對於自己所經歷事，如中國國民黨中央改造委員會成立後，中央監察委員會辦理結束，他身為祕書長負責移交，在日記中將移交的過程，特別是款項的交接，記錄得十分詳細。又如他早年曾響應吳稚暉勤工儉學號召，赴法國留學，因此尊敬吳稚暉為師，不時前往探望，日記中記錄了吳氏的晚年身影，其中也包括蔣中正與蔣經國對吳稚暉的照顧。除此之外，狄膺定期參加徐炎之、張善薌夫妻召集的崑曲聚會，日記中有不少聚會時的記事，包括參加者以及表演的內容等，可以說是崑曲在臺灣發展的重要資料。

狄膺逝世後，黨史會將他的詩文彙集成《狄君武先生遺稿》，並將其《不宜悉記不可不記》賬冊中歲首年尾之感懷記事，摘錄收錄其中，內容亦頗為可觀，且因其始於 1938 年，可以與日記相互參看，補充其家世及早年記事之不足。整體而言，《狄膺日記》內容相當豐富，有時會覺得瑣碎，但是仔細閱讀，可以發現其中有不少值得參考的資料，視之為民國史資料的百寶箱，當亦不為過。

編輯說明

....

一、本書收錄狄膺 1953 年之日記，共分上下兩冊，上冊錄該年
　　1 月 1 日至 6 月 30 日止，下冊錄 7 月 1 日至 12 月 31 日止。

二、古字、罕用字、簡字、通同字，在不影響文意下，改以現行
　　字標示。

三、日記中原留空白處，以□表示，難以辨識字體或破損處，
　　以■表示，編註以【　】標示。

四、作者於書寫時，人名、地名等時用同音異字、近音字，落筆
　　敘事，更可能有魯魚亥豕之失，為存其真，恕不一一標註、
　　修改。

目錄

1953 年

7 月 1 日　晴，夜後里雨，十時抵台中亦雨

　　晨因料理存款事不克出發，赴中華書局取利交中本，丁先生連利加二千，存單置丁處，以朱鍾祺處利託伊付林潤澤，立法院又蒙胡小姐設法全額先付，本月有保健費，共發一千五百元，除扣尚餘八百餘。余以荔枝贈孫再壬等，講張伯雍及蘇松太唱滑稽付錢事。出遇志崇，謂擬贈余呂宋芒果，余謝之。回寓，與徐復人、金迺揮、邱紹梁書，為布置公祭張伯雍事。余持四月寧園所攝照片另寫一名單贈鈕惕生先生，先生特取眼鏡，認伯雍而哀之。先生月內將出國，在紐約小住後，住費城公子處休養三月，然後視美國各城，取道歐州而回。歸寓飯，擬飲酒，秦啟文不歸乃止。黃壽峻自高雄來書，擬與台灣人傅小姐訂婚，囑籌三千元，余允贈千元，託啟文先送伊五百。下午以將出行條示施文耀，觀其情似樂，余勸以赴台大醫病，不知能聽從否也。下午四時冷水浴，三刻赴車站，盛鑌、王振民、姚燾君同在餐廳冷飲，余食涼拌麵，上車紅帽子三號已佔座，座鄰一家有四女孩者，越小越會唱國語歌。余賞薄莫山色水流，以至於海景堤岸、漁舟竹筏，以及游泳灌花之人物，皆覺賞心。念惟有福旅行者方能樂此，埋頭於家庭機關工作者安能望此，更覺不能孤行，虛傲脾氣使別人痛苦。過後里有東山路廣州人李及福建人林二軍人上車，相與譚笑。十時前抵台中，沈、羅、楊三同志來接入賓館休息，赴夏家約佩蘭明日往午膳，抹身後即睡。

7月2日　晴

　　晨張君供熱水洗面，沈裕民來同赴沁園春早點，余赴沈階升處，階升不再赴嘉義治目疾，僅打針醫療。鮑文楠來，同至鮑家，得見新嫁韓家之二小姐，除印堂有圓黑痣之外，面部甚美，剝荔枝款余。余出至黨史會，晤丁象謙、孫鐵人、安懷音等，講史料保管之道。午至自治街底永安一巷三號夏效禹家飯，佩蘭治菜除臭豆腐外皆不如法，佩蘭假手於勤務兵，治菜馬虎但能生子，子克堅，女四：玲芝、琍琍、渝潯、小霞，而不知做菜。飯後譚伊弟順康滯菲律賓巴生港中，效禹云無家眷在台，而能上船為報務員，極不易。飯後休息至二時，沈、楊、楊君來送余至草屯市稍外，姜伯彰正編中國國民黨大事記，賃房編書，有學生數人為之照應。余至荔園鋪床去窗，洗浴休息，沈裕民抱居先生稿說明一回乃去。夜同李同志步行田野，李君娶台灣女洪姓，初意此人肯吃苦，既來亦不然，性情不甚相投。八時許，鄱陽姜伯彰偕明少華夫人林同志來訪，伯彰譚總統任滿，國民大會應開選舉抑決議延任各問題。

7月3日　晴，下午五時許乾颱風到，夜大風雨

　　晨閱居梅川辛亥箚記，下午閱梅川日記之曾發表於民主評論者，較正數處。李君引臨時工作人員向紹竑、符秉鈞來謁，伊等工作為整理舊報，編楷片目錄以便查檢，每日騎車攜便當來工作，入晚始歸，余約伊明午同進中飯。飯後余午睡，發侯佩尹、李向采、陳瞿梅蔭、秦啟文、張曉峯諸書。夜飯後同李先生往新莊警察分駐所報到，新莊本地人擬改地名為新光，其長街不及橫塘市，雜貨店祇有蝦皮而無蝦米，樸鄙可愛。於泥路見乾颱風起，捲泥起橫飛，可量風速。遇鍾孝仙孫山，鍾先生近受姪女迎

養，不在文昌廟。余等於黑暗中歸荔園，暴風雨隨作，臥房上有擱樓，外有洋鐵棚，風吹洋鐵，越屋頂落後院，撲窗闥作響。念及璜涇西屋姊在時景象，不能入夢。又翻閱重慶中央日報，八月二日發表林主席逝世消息，一日之夜常會余與張道藩列席，一日晨漪微自昆明飛來，余引伊往歌樂山中央醫院慎微病榻，慎見姊到，啟齒微笑。後漪陪余上天府某山，余覺心痛，趕回醫院，而慎已移太平間，什物堆在門外。余為購棺，入臥考試院宿舍，后學裘來喚往雙河橋主席官邸謁主席靈床，隨在別室常會。常委今不在世者居正、戴傳賢、葉楚傖、李文範、陳果夫五人，出國者孔祥熙、孫科，在台于右任、何應欽、丁惟汾三人，是晚吳鐵城祕書長他往，余以副祕書長代理之。

7月4日　颱風大雨，下午雨止，風仍猛烈

晨起較遲，四面皆水，向、符兩君冒雨來，下午一時同飯。李太太因女病，略坐即歸房。南宿州劉景隆同志為煮蹄膀、燒鴨、白切肉及鹹魚蒸肉請客，頗有味，以余攜來之酒、煙、茶三者為最。余以鱠白魚贈姜、林、李，魚係夏臣堃自香港帶回贈余。余致許靜芝、葉寔之、胡立吳三人一書，提八月一日林主席逝世十周紀念，謂宜由台灣民眾發起，在省議會設象焚香供花，並陳列遺墨史料，以興觀感。終日閱居先生黨務、軍事各稿，嫌蕪雜，如以東北軍文件、總務部文件匯總編在一起則稍佳，餘仍凌亂，中間缺少，提案亦嫌不充實。

7月5日　晴

克蒂颱風已成尾聲，但忽爾飄雨，雜以大點，忽而疾風，捲樹搖麻。晨起較遲，閱居先生黨務各件，有當時之宣傳大綱歸黨

務部發，極有存留價值。余又擬別編黨務部文件及吳淞軍文件，惜吳淞軍文件所存較少。又閱居先生述南下祭胡展堂先生經過，謂胡先生卒於陳晰子之宅，即一樹白蘭香滿樓廊之處。余當日不之知，訪考試院鈕先生時未及問明卒於何室，又不知胡先生墓墳今作何狀。正惘惘間，李專門委員振寬謂草屯鎮長洪石輝、南投縣民政局長歐樹文、指導員劉子介因今日改選草屯鎮長，順道過荔園來訪。余與譚南投縣新成立，一切建設工作勿太猛晉，又談草屯鎮宜編印志書。出門，洪君為指門右小山脈為八卦山脈，離此不遠有碧山巖，尼庵整治可觀，缺裂多者為九九火燄山加老（或寫作茄苳山），大虎山峙於兩側。再過去為集集大山，火燄山之後則為能高大山，自集集再進則為玉山。余方欣然不至對山不識何名，乃李君告余南投縣有十三鄉鎮，鄉長以貪汙被議者十人，洪君幸而不在其列。究傳貪汙自內地傳來，說謊價亦學自內地，正足氣苦。草屯有縣議員七人，占全數四分之一弱，地屬重要，余惜不會作台灣話，甚願勸導。飯時同鍾孝先孫鍾山同飯，初中剛畢業，擬投考高雄中學，其姑在高雄喚伊往讀。三日所記迎養鍾孝先之姪女，山之姑母也。飯食劉景隆不在，有蛤蜊湯甚鮮。飯後臥至二時起，同鍾山走荔園，右向八卦山脈行去。先過北投里下家，清時頗盛，蘇、林為著姓，有廟慶安宮，有道光庚子、咸豐丁巳扁對。再進過水田，轉上台糖鐵路橋軌，盡則穿一墳場，墳場盡則為月眉厝，比北投下家為大。中心有場，場角為廟，有乾隆時扁，同治三年秋九月皖江督學使者丁曰健奉命帥師平北勢湳之亂，題扁曰「刑期無刑」。過厝趨貓羅溪，河邊竹橋為漲水所淹，余赤足候義渡竹筏過來。既渡，上坡為碧山站，彰化汽車經過，有兩三街店面，如我鄉之橋頭巷口有民夫男女整治公路。又過山間下水工程二處，標總督府土木局。再過則為碧山

巖招呼站，無員工，觀時間表，三點半赴草屯車剛過，下班需六時四十分。余等上庵，坡卵石所砌，坡度不合，雨朝有滑失之虞。坡盡處一亭，河對岸即可望見，余未入。折入庵中，庵旁房新建，中殿有匾為道光辛丑，寺倡於乾隆十七年，有蘇番材一板對，不知是北投鄉人否。余禮拜後啜茗小坐，自原路歸，劉景隆來候，天忽大雨，避入七十八歲老嫗撫孿生二孫之家小坐。未幾雨止，至渡口，樵女有一瘦削而秀者回頭望余。過渡，在月眉厝購毛筍一隻，見子母牛三次，犢不繩，牽牛女有豔妝者。五時歸，夜食筍，極嫩鮮，鍾山云是野簸。閱報知鈕惕生先生三日上午同夫人赴美國。得徐復人書，張伯雍自述祇述至八歲。碧山巖有比邱尼四十人，每房住四人以上，諸務尼皆親手了理，砌牆、打土亦尼自為之。中央日報譯皇冠雜誌，云恆河猿雄貞女潔，偶以別頭試之，雄猿自咬其股，不肯治療，原配歸為燠煦之，向愈甚速。

7 月 6 日　晴，下午五時之後有陣雨意

晨七時起，候台中車來，九時始送史料來。回車過萬斗六，卡爾發熱，停車於冰棚前，一女集亂柴於棚下煮水，余坐兩毛竹併合之凳上賞之。九時在黨史會合併舉行紀念周及動員月會，余任主席，略作演說。嗣檢討颱風損失整理黨史之處，有天壩一圓塊因屋頂久漏而下墜，時工作已開始，幸未傷人。此外姚薦楠籬笆、徐忍茹門板，余皆主速修。李治中不贊成超過三千件給獎辦法，謂應平均津貼，余說類似加班費不便開支，此種工作競賽獎金已報告本會第一次會議，但余仍允將李意報告主任委員。姚薦楠於散會後述灤州起義惟白雅雨為本黨黨員，張溥泉聽張鈁之說云誰曾參加，其實不然。出，余尋徐忍茹，其夫人有心疾，往

台北休養，忍茹孑然一身，極苦而頗怡然自得。歸途余入鮑文楠家飯，其女及新婿方游日月潭。飯後譚中央黨部舊人娶夫子廟歌女，善終者甚少，吃荔子四枚頗美。一時轉入沈階升家，升腹瀉剛愈，譚陳立夫旅費不繼，及陳祖思出嫁之後住房發生問題各事。二時半往謁梅喬林，劉安琪來訪，云肯招呼，隨余返黨史會。歸車上楊、李二君，同灣至北溝，見莊尚嚴、楊、李，作關於典藏之訪問。余晤謝次彭、孔達生、熊國藻、李錫恩、李穀孫、譚旦同、高去尋等，均正作點驗工作，就庫門有風之處笑譚。庫中正造防空洞，費四十萬元。四時二十分歸，到荔園時有雨意，楊君匆匆送接史料入城。余待久之，姜伯彰、林毓芳始偕一本地人鄰長洪錦豪來飯，雞肉、肉圓、豬肝、魚蛋燒得尚象樣，但余不敢多吃。鍾山返時余已吃完，同林及鄰長譚話一回乃散。鄰長長子受日本人遣，曾到上海及菲律濱打仗，傷一手，現家中大小有十七口，種田每年開銷外可餘一萬元。毓芳攜埃及煙去，將贈高太太，云係伯彰學生。今日報載朱虛白母郁七月五日卒，年八十二，郁得心疾，終日亂罵人，虛白與妻潘順適其意，極為孝順難能。夜睡嫌床潮濕，起身揩抹後始再入夢。

7月7日　晴

晨整理黨務類之論著、講演及雜件，下午又閱行狀一過，覺尚有頭緒。下午一夢甚遙，起身後同鍾山赴文昌宮散步，獨眼工友李秀平之妻平江楊氏守文昌官，每年八月十八日地方人士尚來祭奠，萬斗六有田三十二甲（每甲合內地十七畝），宮旁有田四甲，今惟賸宮旁田耳。歸後課鍾山讀報，飯時有豇豆，飯後獨步前院，纏光照青穹，浮雲拖微赭，棕柳搖動，頓念慎微。夜起，一星一月朗然天際，余頻加祈祝，望妹入夢，而神靈杳然，迄難

一見。十年前此時正議動手術治療腸梗塞，思之心痛。

7 月 8 日　晴

　　晨正想工作，洪錦水來囑在伊舊扇上寫字，為書五言詩兩首。洪君為洪家祠堂之主人，黨史會未得荔園之前，史料借祠堂存儲，余曾偕徐忍茹、李治中到洪君家一次，伊還認識余。洪云政府命令多變，不但使命難以率從，且不免損失，公家利益如合作農場原應繳公之收穫，因耕者有其田施行，都半不繳是也。洪去，余整理東北軍文件，刪去吳大洲山東籌畫大要，大要中最後列山東各地人性：

一、曹州人多地瘠，生活困難，故不為兵即為匪，且匪大半是退伍兵。

二、沂州亦係地薄民貧，為兵者、為匪者遍地皆是，較曹為減者人少地狹。

三、袞州較曹、沂略富，然人民性情類曹、沂，故為兵者多，為匪者較少。

四、青州各縣殷富，為匪者少，年來人民繁多，生活不給，壯者流為盜賊，如壽光、樂安、臨朐等或遷往東三省，以安邱諸城為多，沂州之日照、萊州之膠、高（即登州）為多。

五、武定之利津、霑化及直隸之興化、鹽山等地瘠，人民頗強悍，鹽匪居多，盜賊亦時有所聞。

六、東昌之鄰近曹州各縣與曹州大略相同，惟佔少數。

七、濟德等處較為柔弱，然亦有當兵及為匪者，不過無他處之強勁耳。

八、登萊人性和平，不惟匪少，即當兵者亦寥寥，以務農、通商為業者居多。

　　山東富區，周村以絲綢居第一，濰縣以銅鐵居第二，煙台通商後居第三，臨清以運糧、製皮居第四，濟寧鐵道通過居第五。

　　濰縣、安邱民國五年五月八日午前四時為東北軍佔領，迄七月三十一日發電，八月一日偕吳忠信等啟行，居先生共支持兩月二十餘日。

　　許崇智六月十三日到濰，二十四日乘柳丸返滬，居離後許至濰縣，八月十二日居自北平有電致濰縣總司令部許崇智先生。

　　謝慧生在日本東京為印軍用票，廖仲愷在上海，居電請來濰助理財。

　　日人萱野為籌款，槍械係稱荷物，託天草丸運送後，再請宮崎敦促由西京丸運後，租船由二十日運到。日人又有岩城肯借款，請孫先生交涉。

　　劉冠三在西安警察廳，劉七月十三日返北京，又請無庸電西安。居請孫先生召來懇談山東民黨統一事。

　　日人柴田麟次郎為東北軍執法委員長，杜辺信、田義忠、江津磯為執法官，專理友邦志士從軍能否服從軍法。同居離濰者，日人有田中金子。

　　山東軍經曲同豐點驗，發高密三萬元、濰昌十萬元，不但月餉不敷，公費亦無著，九月十五日請益有電。

　　夜飯時鍾山不來，夜飯後同李先生走往新莊，其初山綠色、雲悉青色，僅深淡不同，稍遲乃有彩雲，李謂入秋雲變化極速，格外好看。將入市過月明橋，其下游水枯，云正在修理水源。余等過警察局折回，望學堂燈火，今日行畢業禮，有宴會。回荔園，天昏黑，在庭納涼，重泡新茶。上床久之始合眼，夢見正月初二日乘人力車過某廣場，車停，余被二雉伎拖去，余掙扎不肯往，乃醒。余生陽曆一月三日，正月初二當指生前，雉伎所拉為

嫖客，余乃被譏笑前生是嫖客耶。

7月9日　晴

　　晨整理總務部文件，都半為對海外通詢，當年草創支分部愛國熱心之人，四十年變遷，已有名字翳如之感。當年中央所持態度亦鄭重，釋蘊解紛，聯篇累牘，每一黨員幾直通總理，良足貴也。飯時鍾山來，昨為伊初中畢業典禮，宴請老師，故未歸飯。楊毓生來譚會中報銷、修理財產目錄等事。余飯後臥，臥起待久之，始坐車往北溝。次彭檢查書畫無了不得者，達生點明代方書，室又悶熱，余坐庫房陰處亦不風涼，乃歸客廳閱報紙。五時同莊慕陵、孔、謝、蔣穀孫、高去尋、屈萬里飲酒吸煙，吃慕陵乾琴至瓶罄，聽萬里講黃縣縣長李一山為張宗昌造生祠，以丁復炎乾薪充建築費等趣事。飯時移門前場地樹下，飯後吃香蕉。送達生上車後，就慕陵茅簷下吃木瓜、飲糖茶，譚張柱中喜玩趙席慈規矩，歐陽邦華幾與慕陵打架各節。九時浴後坐廊下與蔣穀孫談話，周佩箴母出蔣氏，論親伊長一輩。夜睡次彭房，房低多蚊，而關閉甚嚴。今日楊師庚隨毓生車入城，熊國藻不在班上，李錫恩已回，管理員詹冠南。夜時聞隆隆炸裂聲，後山正開防空洞。

7月10日　晴

　　晨起身頗早，日本式房關閉過嚴，覺氣悶。余坐客室寫日記，早粥後辭李、屈、高、詹而赴小火車站。自院前走小路，見浣衣女不少，有隱於橋洞者。謝次彭送余過北溝集，折西復折北，而至一樹下車棚，頗陰涼。八時四十分糖業公司汽油車來，此線自台中赴南投，余上車較舒適，惟嫌坐位略高。過烏溪橋，

亦有一小集曰新莊。至草屯下，赴公路局對面之站，為赴彰化之車支線四五。購票後不知上何車，賴一青年引導。上車後第一站便是新莊，下車購一毛筍，乃微苦。歸寓諸人訝早，而余覺欠睡而倦，飯前後皆略睡，飯後睡較暢，曝被抹蓆，略有霉氣。得李向采、侯佩尹書，再覆一書，寄去致瞿梅影退回之書，又致丁溶清書。閱報知霧社十五日為抗日山胞立碑，余擬赴霧社人止關，擬覓便車。無聊時閱曲選詞，選詞之取境比曲為廣，曲中樂現日之詞居多，主興復者甚少。

7月11日　晴

終日校梅川譜偈，其例言云昔賢年譜往往纂自門生故吏，余生平祇有同志朋友，故自為之。又病年譜格式謹嚴，故以似偈語非偈語、似絕句非絕句出之，間附事略，語句不能括簡，書僅有存者錄之。偈中真摯語多，有絕佳者，注中滑稽處殊露家庭親切之狀，如游峨嵋歸患臀癰，小妹說是二峨、三峨。最後陟岵、陟屺、陟岡三章古語出處自為注解，經書熟者可以無需，但先生為今後家中子弟便利，以注出為便。先生少時因不知職思堂出處吃了苦頭。綜觀先生遺稿，以此為最佳，自己所編、精神貫注一也，知是創格、特別用心二也，校對精詳、錯字較少三也，故有此則年譜可以不要。沈裕民託人所寫年譜事跡大一半錄譜偈之注，印譜偈再印年譜則重出，余擬省年譜。四時洪錦水來，李君出有圖之蔣總統印本，余又持校先生所撰主席蔣公六十壽序，文氣亦足。六時姜伯彰、林毓華、張茂生來，李君留飯，嫌備菜過多。張、洪飲糯米酒，興致頗高，余覺不適，未敢多飲啖。飯後坐庭中納涼，觀姜先生二次表演太極拳，姜鄱陽人，為白石道人三十一世孫，云家中有刻本。半夜余睡不穩，起溲，調整蓋被，

始得熟睡。

7月12日　晴　星期

　　晨候孔達生來，九時後車載達生及夫人孫琪方、女維鄂、維
崍、子維益、維寧至，維寧最小偏憐，祇五歲餘，極活潑。坐定
後彼等說風涼，風涼後又云風涼之道在門多，祇中堂有門七，一
凹字形房共有門五十餘，又發現所以風涼在牆厚、在門窗對流、
在屋高，總言之比北溝靠山日本式矮房為佳，琪方云如能移此房
至台中住之，庶幾舒適。及午飯，孔府帶魚膾一便當，余謂之孔
府魚，此外余備白蛋、紅肉、鹹雞、肘子湯、燉豆腐，達生贊
美，謂非初意所望。飯後諸人優臥，余同達生象棋，伊勝二次。
三時許維寧忽欲回去，以不敢上廁大便故，後准其隨處便，便已
乃云不想回去鄉間，又無糖果、餅干等物留小兒，中晝宜設姑姑
筵，諸人狂飲茶，維持五時半。夜至飯後乃往游碧山巖，自草屯
過平陵橋，沿貓羅溪而往，至庵望前日竹筏渡處，竹橋已現露，
許多人相攜過橋，橋長板窄，殆不易行也。上坡入庵，庵場掃得
清潔，諸人辨別果樹後，上曙色亭小坐。亭在龍眼林中，龍眼蔽
山腳，亭當西曬，宜云愛晚而曰曙色，鄉下人之見解耳，亭低
陋，為汽車公司所築贈，有記事文，文末曰立此為記，文之陋與
建築相等。下坡坡度不合，極難走，與亭相稱。工程上之公式照
做不難，顧不知此公式者，雖冥搜竭力，要不能達合適之境，諸
尼祇能勤儉，亦可憫矣。達生下山頗當心維寧，寧快步下山亦無
恙。達生謂庵前橫一溪，煙水尚有可觀，余則賞山門外泥路，中
挖潭瀦蓄泉水，兩尼以桶取水，以便澆灌，其設想至精。余與鍾
山自草屯下，達生入城，余約鍾山吃冰橘子水，皆瓶裝，無鮮果
乃止。過一軋米廠，飲茶走小路，觀茄老山色。九十九峰在茄老

後，九十九峰即火燄也，連縣四一三里，其狀似山上燄起，里
人稱曰鋸山，文人稱曰九九峰。後至南勢，一鄉人稔山者留飲開
水，移凳在場請坐。過文昌宮，李秀平夫婦亦遮留，以時已入暝，
將不辨田埂，乃辭之。急回入門，抹身後坐庭中納涼，覺此行祇
為認識自草屯至荔園之小路，不如走月眉厝近而易於舉步也。

7月13日　晴

　　李君入城作紀念周報告，余託致南投縣長李國楨信。李於報
告後至南投言之，歸言十五日清晨自草屯有專車往。李草屯人，
其父在地方為公正士紳，急公益，有圳曰春生（北段新圳）者，
係其父名。李競選縣長，鄉人皆曰李君子，舉之甚願。李任南投
縣長，頗願做好，伊現住台中，故須往南投接洽。余終日閱居先
生政治類論說演講，病一機關事前後間隔，故擬不分。又擬省短
篇入長篇，以節篇幅、圖省目。飯時有河蝦，每斤三元便宜，但
余不敢多吃。飯後李君女開秀，方兩歲，入我房，自把門關自上
門，而不知開拔，乃哭，余乃喚鍾山跳窗入室救之。門閂不能做
得大低。開秀既出，余得入臥，臥起寫日記，後坐空庭，感哀萬
狀，簌簌淚不止。同鍾山走田塍，八卦山如城，城上紅雲有二堆
帶黑色，若畫家洗筆所抹。叢竹起自田間，紅雲映於水田之下，
蝙蝠亂飛。初二新月一鉤，纖細乃若指甲所刻。遇區黨部蔡君，
為言霧社風景。歸寓後復小坐亭中，起二次溲，再入夢，夢先府
君遣管子誠抱紅氈毯，命拜徐少達太先生為師，太先生似住在大
輪船後梢，入門之前見一蒵者，余不敢仰視，入拜，太先生答拜
頹然，余乃省。余祈夢十日方得此夢，意必先府君教余尊師重
道，勿生綺念，余知過矣。

7月14日　晴

　　晨閱居先生政治言論集，合論著與演講為一，分上下卷，上卷萃關於法律者，下卷匯庶政。以一秀才革命，在黨為暴徒，求知深入而能如此，先生亦勤矣。下午閱雜著，讀祭石瑛文，余為涕下，文能真摯，便易感人。余祇擬抽出弘一大師全集序入禪悅集。飯後余睡至二時，得李向采書，告青選住台中復業路綠堤巷卅三號，擬訪余，余約二十日後往訪，因覆向采書。乃致劉孟衢信慰之，又致鄭明、吳亮言書，今日為法國國慶，總統有賀電，加當請台北賓館酒會，下午六時至八時，余不能往。夜飯後同李君自嵌子腳經番社內，望上家下家而歸。此四村合為北投里，里長住番社內，下家即有廟曰慶安宮者，諸村皆人畜雜居，臭氣四溢，泥路灰深，牛犢交錯。李君赴草屯問訊，明日上午六時三十分在草屯鎮公所集合，待縣政府汽車來，即乘車往霧社，余約李君同往。今日臨時工作人員符秉鈞辭，往苗栗銅鑼榮興米廠任經理，莫君壽山來繼任。

7月15日　晴

　　晨五時半醒，食雞蛋後，上過番社內之道，已六時一刻，至運蔗鐵路為一半。鍾山前日帶行之小徑係在對岸，聞為中線，取其最近，今日所走不甚加遠，而平坦易行。余提一小籃，左手耐勞程度不及右手之半。六時三刻至鄉公所前，南投縣政府包用之公共汽車適至。上車遇許以仁，余坐許君旁，逐排數人，連一小孩為三十二人：

許以仁　狄膺　李振寬　毛時澤
劉永發　鄧秀琴　陸文智　林樸成
李祐昇　李百顯　黃永馨　張鼎華

林梯演　林曾好　林貴美　林武雄

林政雄　林　演　莊學惠　黃朝森

吳銀田　梁其煙　梁國源　梁祥美

林宗新　謝福生　蔡福全　劉玉祥

邱清安　陳松茂　張朝麟　小　孩（似未留名）

　　余坐車前，向左右前瞭望甚暢，經土城後，始見土城、雙冬兩隧道，然後經桑冬，望石居山秀峰獨立。再過人云路左為國姓鄉，述鄭成功故事，余不甚解。再進為大石村，北山橋緊接北山坑，再進種瓜橋、仙人橋、觀音橋，至烏牛欄橋而至埔里。在公路局站車停，發給來賓證，許、李兩往，云一證均註明二人，兩人各得其一，是時人多擠上，下車者不得其座。至下一站警察來查，則一證二人者只限用於家屬。檢查身分證、入山證以及於服務證，余則繳李縣長國楨蓋印名片為質。其時車頭擠滿女子，有站立者，幾經交涉，始得開車，開車亦望不見風景。久之過人止關，一澗狹而流深，兩山窄而徑陡，岩壁側斷，雜樹橫生，李君謂庶幾象內地之山，風景甚美。再上則過以草為頂之山，約一刻鐘至霧社，四山開闊處一村里也。入社處有一綵坊，轉左而上為竹葉搭成之棚，供來賓憩息，報名則給藍色油印飯票。余等略坐，乃上紀念碑場，紀念會則已開始，四圍張布幔，山胞及來賓分坐布幔下，楊肇嘉等演講，余亦述守秩序、寫歷史、厲行三民主義三意。會場發紀念照片、霧社起義概述，發香瓜，供汽水，散會合攝一影。民國十九年（昭和五年）十月廿七日山胞在霧社小學殺死日本官警，是役高山族死者九百餘人，日人死者三百人，日人立有碑，楊肇嘉主撤舊碑、立新碑，今日落成。午余就竹葉棚，同南投鎮長吳宗敬、廖院長夫婦、山地職業學校李校長、區黨部蔡書記同食便當，亦覺好吃。飯後吃愛玉子，赭褐色

漿果，漿酸甜微澀。移時報碑場歌舞表演開始，余等往觀，有春陽、力行、大同、發祥、互助、法治、合作、親愛等社青年表演感謝猛那節目，薔薇處處開、思念吾祖先、山地舞、南陽舞等。余所注意薔薇之薇讀玫，叶灰韻與開相叶，舞衣紅色鮮豔，係山地人自染，不知用何種原料，國語分佈極快，有數句聽得甚明。至萬民騰歡時，楊肇嘉、楊繼先、李縣長夫婦及余皆被邀請同舞，有山地女呼余拉伊手同舞，吐音亦清楚。警察埔里分局長杭州人姚季韶來謝埔里留車之不恭。三時余至鄉公所大便，為寫「大仁至愛」為額供碑場，又擬寫「興仁博愛」與仁愛鄉公所、「親仁汎愛」與山地職校，皆以時促未成。余出望霧社附近圖，知有蘆山溫泉，在霧社東七公里，再進汽車可至屯原，為汽車終點。又在會場遇台電公司萬大發電所主任柴繼先，知有可玩。既不得車，又乏照顧，乃息再進之意。同梁其煙等入神社，下入陳家食冰紅豆，其家客廳極風涼，不能久坐。下尋原車覓座，陽光西照亦不適，忽有人來請，衛生院有小包車，請余往。既上小車箱，余及李君外，又來三人相擠，有一人至埔里者居中無位，擠李君腿無可安放，至埔里乃稍舒。余得觀車左景，沿木瓜溪，溪、山亦雄亦秀也。自草屯下，李君微憊，同往食店吃魚及魚圓及甕菜。此為無女侍之館，煮菜可口，有女侍者為樓觀，菜貴而人不美，最美之一人面團似鏡，薄莫則在街上納涼，余前日與鍾山曾見之。飯後余理髮，上新莊車，遇洪國代元煌，一仁厚老者。自新庄走歸，浴前後休於庭，飲茶甘乃睡。

7月16日　晴

　　晨七時起，昨晚九時上床，計可睡眠十時，乃一次起溲，飲濃茶後，又望帳胡想二小時，甚可惜也。閑居先生詩詞，洪錦水

來小坐。徐文珊、楊本章、范廷傑來，為昨日運史料車壞，修理後忘關車後之門，開車前行，史料落地，為軍車、農人拾得，二包已追回了，今日又來全部檢查。初云失福建同盟會接受訓詞二件，嗣又云失總裁近照二件，福建件已得理，至下午始去。余見三人吃麵包，心亦黯然。下午閱報，中央日報於霧社立碑登載攏統，稿件殊不見精神。得陳嘉猷夫婦書，梅蔭書中有云我對富貴並不看重，但一入都市懂得所以要富貴的原因，此言至足悲也。余覆陳夫婦一書，並函詢李適生宜以何日往敘。在嘉猷書中又悉台北酷熱，許師慎致孫鐵人書亦說台北天熱。余自霧社回來，今午亦覺天熱，肚腹亦覺不舒，原因是否由於礬水，或因晚上少蓋之故，尚不自知。

7月17日　晴

晨分別文、詩、詞三集，文有目而材料未疊齊，詩、詞疊齊而無目錄，余又剔除有佛學名詞者入禪悅集，禪悅集中亦有檢出者，雖經如是做，尚未做澈已極辛苦。至居夫人交余居先生致徐復觀信則不宜錄也，其詞曰：

佛觀兄左右：

昨日接到廿三日墨水筆書，在涂壽眉兄見面之前，不知兄這封信從那里發來的。我到處打聽兄的下落，問過黃少谷，他說慢慢打聽告給我。我初以為兄在香港，故寫一封信寄去，附送百元完全是定報，有一期寄我一期就算了事，用不著白送。兄要曉得化了錢一定要看，不會束之高閣，若是白送我的我就不要看了。梅川日記我有些拉雜稿子都未攜出，從頭記起頗不容易，所以我想到台中翻翻黨史料，上次去了一次，匆匆問起，未曾翻閱，所

以也等於零，如今再去一定要翻箱倒篋，究竟有甚寶貝或者有些材料可供抄錄。第四期昨接到，第一篇兄又罵了混帳忘八蛋、忘八蛋混帳，我想我們這一群都是如此，如此不要罵人，還是自罵的好。我覺得近代的人都是匿怨而友，那個肯挖心挖肚腸說真話呢？「邦無道，危行言孫」固是迂談，而以不入耳之談來相勸，恐徒增反感耳。借問漢宮誰得似，可憐飛燕在昭陽，太白以此被謗，良藥苦口，忠言逆耳，疑謗叢生，可勝浩嘆。我經立院一棒，回頭一想，由此得到解脫，亦大佳事。于鬍子有信給我，責以春秋大義，引傳云「嫠不恤其緯，而憂宗周之殞」，我又不能恝然，兄其何以教我。書不宣意，即希裁察不備，謹頌

撰安

弟覺生拜手　八月七日

此書自草山發，寄至台中市模範新村派出所對面新屋，不知徐先生現還住在那里否，余擬訪問之。夜飯後，杜門未出，頗有意作八投里田園絕句，未能吟，安坐椅賞月，覺比昨夜為涼，提早就寢。

7月18日　晴

晨編居先生集總目，頗見當日草創之盛，合胡漢民、朱執信、廖仲愷、張溥泉之遺集而觀之，乃為大觀，總理得其全。居先生精辦內務，信仰總理之深，服從總裁之篤，即昨所錄徐復觀一書，亦望治愛好之意，但分量雖經刪除，亦嫌太多。下午寫排比意見，冀繼續任編輯者易於著手。林毓華來告，以居先生曾云甲午、乙未可以返大陸，林問能保險否，足見思歸之切也。得曹瑞森書，云近日台北中午烈日炎炎，辦公室中酷熱煩人，暑氣至

深夜不退。午睡起身，為李振寬、張茂生寫二條幅。今日劉為煮紅燒肉絲如法。入晚頗思飲酒，既無飲伴，又無美酒，空想而已，可見陶淵明在生活條件以上也。昨得句如「紅雲漸淡月增明」、「幾家父子無消息，看汝兒孫更抱情」、「老牛引犢不煩呼」、「村路不忘車笠謁」、「汝常戴笠我無車」、「搖曳能生壚墓淚」、「檳榔棕梠不暇分」，足成易增哀痛，姑記於此。晚飯後同李振寬上新莊張茂生藥雜貨店贈以字條，本日為星期六，伊長子考建設人員電機第一者歸家。店中大房孫三、四人，余說將來與大陸通婚，改進種子，諸孩皆笑。余索□葉扇一把後訪姜伯彰，門貼姜太公在此，方能林毓華，室飯奇熱還穿上衣，正能忍耐。余等取道市後，緩步而歸，過軋花生油廠，一無香味。又草屯似正演劇，鑼鼓喧鬧，李振寬一絲不聞。余等以極緩步歸，可走半點鐘，歸坐庭中半時許乃睡，天氣略比昨晚為涼。

7月19日　晴，下午三時起乾陣晦風，壓雲不雨

晨起讀寫排比意見計三十餘則，其中應查詢陳述請補充者，修函石志泉、謝冠生、林彬、鄭彥棻、李翊民、居夫人、居浩然、張壽賢，冀得覆，有助於出版。得梅蔭書，不能台中，張家亦不往八仙山。余再覆一書，謂老百姓所居仍不風涼。吳亮言來書，寄來蘇松太同鄉輓張伯雍聯，余又覆書。余又聞周賢頌已自日本歸，約賢頌北投或草山住夜閒談。又得李向采書，覆之。又得金秉全書，謂廿三局中有車，需開至台中否，答以不必。下午諸事粗了，心中一快。近年不肯做事，為不得圓滿功德之樂，故一書之編、一事之努力須自為起迄，自己行開幕式、閉幕式，自己慰勞。幼時見道士功德圓滿，全體自說辛苦、辛苦，輒覺好笑，此乃自加興趣之一道，不可厚非。

　　昨在新莊遇一四十餘歲人洪廷魁騎腳踏車，其人有田三十餘甲，而因實行耕者有其田去了大半。三十六歲得孫，新莊小學開運動會，是人之母亦參加，成為四代賽跑，足稱全福。

　　臺灣旅行指南載八仙山在大湖區大安溪上游流域，連接大甲溪，北港溪右岸之地。林野面積達八萬四千餘公頃，均在海拔 450-3,900 公尺之間，有 3,000 公尺以上之高峰十六座。大甲溪流域為著名風景區，擁有小板原、久良栖番族，見返瀑布、岩松山、合流峽、佳保谿谷、斜頭角、菊池臺之勝。下午五時後雷雨，入晚亦偶雨，余房漏處水未滴下。

7 月 20 日　晨晴，下午二時南投陣雨，四時二十分車歸草屯亦陣雨，下新莊仍雨，夜晴有月

　　晨同李振寬赴新莊，第一班七時五十分車剛過，林毓驊方奉姜伯彰命來視余，伯彰以多食致吐，略有寒熱，余囑延醫為診，張茂生、洪錦豪皆來寒暄。八時三十分上汽車，至草屯轉車，過平林橋之後折東南，經林子、半山而至南投鎮，今南投縣也。如自平林橋折西北，沿貓羅溪、八卦山，則至彰化，近則為碧山巖、月眉厝也。余等自縣府前下，穿縣府，尋右首黨部，許以仁早不是縣黨部委員，今改在文獻委員會，會在公園圖書館。余等入民主殿堂，見職員多往參加紀念周。在圖書館覓得詔安人沈會東，與許以仁同住，領往以仁宿舍。以仁娶延平北路某氏，生一子，伊病風濕，拔草一時許病又發，未起身，余等約午時往飯。出至縣長公館，晤縣長李國楨、縣黨部主任委員重慶人李蘊權，余與譚：（一）新建設勿急功，建設之進行要慢，計畫要遠大而執行要堅決；（二）提倡公心，議員不可提於己有利之案，而作至公無我之說明；（三）促子弟進步，而父老亦宜維新與之合

作。李等正以議長選舉，民、青兩黨來爭，而國民黨員又新受處
分，余雖言之，伊等心不在焉，惟國楨仍答建設南投有二十年計
畫，徵用民力每年不過十日。辭出後，余見公園挺樹為日本人種
者，問人多不知名，長葉中經緯脈平行似羅，余亦不之識，拾一
葉歸問劉大悲。稍過余遇沈回銘，娶楊明珠（陳果夫甥女）。余
等入南投中學，休於圖書館，見校長書「開卷有益」四字，尚有
力。稍坐沈回銘來，隨伊往康壽里玉井巷 29 號。在房飲青酒半
瓶。十二時三刻至許以仁家飯，艱於生活，勉備一飯。飯後稍
休，回銘囑寫條幅，乃至議會樓上寫字三條，主任祕書陳君出，
語我小桌議會用者草屯所做，極美。時天大雨，與一東陽高參吳
君譚，伊為何雪竹部下，駐洛磧，知余名。沈回銘又談上華鋻山
查糧事。吳君一行乃查醫院病兵既愈不肯出院，雖有療養大隊為
過渡，但兵仍不願，統計在院者幾一萬人，可出院者不少，此來
為說服工作。吳君等去，余等冒雨至車站，得新莊車回。回寓飯
後，遣鍾山問姜伯彰病，云恐是瘧疾，如病倒則赴彰化醫院。李
君云南投縣政府李鳴飛去年六月一至五日本會展覽助之頗多，惜
今日未及見之。又余今日擬見鄧秀琴，無人介紹而止，鄧為上霧
社車所見秀女，有夫在日本，有二子，本人在縣政府工作。

7月21日　晴

　　晨林毓驊奉姜太公命來送，久之車始來。李振寬同晉台中
市，過霧峰，遇北港篷車，約定孔達生明日吃魚。過台中車站，寄
鋁箱與臥具包往台北服務台。盛鎮入黨史會，交居稿與沈裕民、
林文□、安懷音等談。出至狄佩蘭處、李適生處，即出民生路第
二合作社樓上立法委員聯誼處，晤同院十餘人，聞總數為一百○
六人。隨即到復興橋綠陰巷李清選家，約定往飯。至彭醇士家觀

伊詩，小樓健康，醇士浮腫而咳吐痰。十二時至清選家飯，譚甚
多，其父及向采之父均為州縣幕，掌錢穀，清選在山東青島晤孔
庸之，自工商部隨任起。清選為中堅苦幹之人，關吉玉、魯佩璋
皆親政學系，徐堪、田士雨攜金往國外，徐堪在港給龐淞舟等皆
兩萬港紙，孔亦曾寄清選五百美金。孔今年七十四歲，在紐約鄉
間住，偶入城往中國銀行會客。清選續娶天津馬氏馬千里之女，
今日燒魷魚捲干絲甚美。三時至李適生家，同適生、劉志平、魏壽
永打十二圈牌，認真而輸贏止一、二十元。適生夫人治鴨湯、燒
豆腐、魚鮓皆佳。十時吳望伋等來，係調查耕者有其田實始狀況
者。今日聽志平講環島旅、草山獸等笑話。十時住賓館一號房。

7 月 22 日　晴

　　佩蘭攜其子來，沈裕民來，來同往沁園春食點，價不便宜。
入公園繞一圈，余至沈階升處坐譚。十時至立法委員俱樂部參加
小組臨時會，余講編居集、往霧社各節，晤十餘人。出，在一星
月為飾之冷飲店坐半小時，即至彭醇士家飯，有孫鏡亞、劉志
平同坐，小樓治菜亦精進，以高安燒蛋皮絲為佳，魚亦佳。飯起
至志平家，志平夫人石塘灣孫氏，與九錄為同祖，姊妹與燕華較
遠，因同讀書北京較親，一賢女子也，志平寓亦風涼。同魏、李
原班打八圈，祁志厚亦來為適生代牌，邀余往彰化女中，余以時
間不及辭之。出至孔家，同全眷往山東食堂吃蘿卜絲魚湯，食堂
男主人與胡詩婦有往來，余欠之，立法院同事一桌人來飯，余欠
之。七時達生往白宮陪朱騮先，余同孔夫人吃至食堂內他座清
靜。走至公園，本晚為公園油漆裝燈後第一天開放，有台灣京
戲、軍樂隊、唱小曲，余等既於樹下得座，天雨遷入茶館中。維
寧拉媽往京劇，人小不能見台上動作，須抱起，孔夫人又力弱不

勝久抱，頗為難，九時半乃送回奉祀官府，達生已在編書。余返賓館，佩蘭已久等，約明晨送余往豐原。

7月23日　晴

　　晨七時佩蘭來，同車赴豐原，向一有塔寺處行，公車與鐵路並行。既到王國棟家，在客室吃泡飯，太倉飛雲橋曹松亭之女三寶為王□□之奶媽，今適山東人李詩文，生女小英，方六月，已能坐能唱。既而王太太起床，按風琴令佩蘭唱賣餃子，云夏效禹能唱此調。余同金秉全出，行街走至中山堂，則宋家治已來候在樓上王國棟房，國棟為用電話八仙山分場劉主任。余等出發，過東勢警察局，分局長吳維和為太倉撤退前之警察局長，出受訓。余領得甲種入山證 24787 一次。過東勢，宋君指一基地為電廠辦公處所，房子今拆往埔里，基地上頗有基石等，頗值錢，地係租來，地主要種田，要求還原，公司費八千元。過此不久即到新伯公招待處飯，有番禺陳科長兄妹及其他職員四、五人同桌，余略飲酒。飯前周達時來，攜一子名洪字濤聲甚秀，余至其寓會見周夫人，伊貴陽花溪青巖趙氏，其曾祖以炯係狀元，周夫人久住重慶。飯後坐車之久良栖分場，主任劉來山來迎，小鐵路站長劉見傳為演說風景，有女孩圓臉者送茶，余出茶葉泡泉水甚美。四時後火車開行，見棧道多沿山架設，在溪澗山谷上過，見返瀑布、合流峽均見到。至岩松山，則為久良栖對面之大山，火車箱中所見溪流、山頂、谷樹、小瀑甚佳。約五十分鐘至佳保臺，為八仙山下之較平處，木材集中於此，以小火車運出。劉來山引余三人往索運處，自佳保臺右入，經木棧架，十文溪上設有懸空索兩根，平台纜運各一處有木豎箱如轎者，為總統由索道上新山之具，劉來山力勸勿上新山。余等在下面觀運木運人上去，頗有

趣。近處溪流有一潭，潭上架木龍，為鋸木廠水力來源，木龍上鋪板，可以行人，上則為步行上山之路，下則為潭。余等下至潭，坐大石上，冷氣逼人，寒流冰足，不耐久居，如中秋夜在此賞月，極饒詩意。歸佳保台，上坡約百級，則入招待所，遇農業學校及鐵路局中人。劉來山出示開七公事略，為其七世祖，自廣東遷來，東勢今族丁三千餘人，墓地風水為玉女照鏡，譚分胙及教育制度，家規甚好。夜飯時略飲酒，飯後步至警察分駐所前，山月極明，側峰甚巍，有黃山文殊台之一半，夜睡頗涼。

7 月 24 日　晴

　　晨劉來山留粥，余食麵筋，王將吐，一半由受寒，一半因麵筋發酵易噁心。劉君命鄉導楊君來，給每人一杖，楊君提余一籃一包。八時下佳保台，上火車，約行二小站，即停車於下發電廠之樵徑口。余與金、周下車下樵徑，初無甚難行者，周達時皮鞋且無跑山經驗，余請金秉全招呼之。略下過一溪，溪上有人家，余等過溪後坐另一山腳休息，見一猿攀樹翻山極捷。自此上走陽光中，至山角側右即下，遇一山胞持刀睜眼立路上，面貌猙獰。再下聽林間有人伐木，其音為坎坎，伐木丁丁乃在深山聽斧斤之聲。於路見腐木至多，過一人伐木處則為沿溪之下坡，至溪則須重上山坡，過一小瀑乃下至谷關之橋墩。時陽光正照過運木台，無心觀賞，乃入谷關派駐所，有一警員一妻二子一女，為打電話與白冷，告余等已自佳保台走至谷關，無須下午派車到久良栖迎候。余等入台電招待所，正在割草抹牆，準備朱家驊來住。余等過索橋，上觀復山莊放水浴身，經出汗後覺痛快。飯時有鯇魚，秉全重炸一次，味美，湯為冬菜肉片。飯後余做睡不美，再入浴，浴後彳亍索橋，乃獨遇陣雨，雨勢頗盛，蕭山陸子良同志

之子陸正峯送一雞來。雨止，出尋二里外之入水口，名曰堰堤。
自停車場上，止於木橋隧道口，見二山胞背囊來，問何物，曰木
耳，正峯探囊則為硝礦，可造火藥供獵用。正峯有云山胞所採香
菌每斤不滿三十元，惜今日無有。余等過隧道二，隧與隧間有
瀑，隧中浸水，余布鞋濕透。再進遇郎靜山之姪，見對岸溪流作
匚形，臨溪山畫一台，為舊時溫泉房屋地點，比觀復為佳也。再
進則為台電職員住房，有保警攜眷住此，台電月貼二百餘元。再
進舍上面下水工處則一索橋，上為靜湖，湖水流下則為廣瀑，瀑
注於溪澗，激石發巨聲。上橋之一端砌保坍牆，對山極易坍方，
有一次坍方僅差三、四分鐘，幾有十數人工作於其下，不逃則皆
性命不保。余等過橋，休於電機間，機師開閘門請余等觀水勢，
余再上觀中洞進水。郎姪架汽車來候，下停車場歸山莊，為山莊
寫一橫幅云：

排戛奔放性情真，率爾論文學過秦，
略陷坎坷騰叫號，卻嫌不解短長吟。
（觀瀑山莊聽溪流有聲因成此絕）

　　又為正峯書橫幅「與人奮鬥在和，與病奮鬥在勇」等句。寫
畢食雞湯掛麵，久之乃夜飯，以冬菜燉雞為美。飯後余睡，正峯
為掛帳，周、金入台電招待所睡。余臨室近村，人來洗浴，喧鬧
之至，九時許始寂然。余捕蟻五、六隻之後，擁厚被睡。余於後
飯後入浴，硫礦水壞膝蓋表皮，用吐味自醫，夜睡尚安。

7月25日　晴

　　晨起極早，在廊下寫日記。覺日人布置此明治溫泉，植梅花

甚多，雜以櫻花，植梅以三株交互者，有三叉出者，梅冬日及夏五兩次開花，足見日人極能清雅。八時半周、金來食粥，粥後再入台電取物，坐車回台電，下女阿嬌同車，圓黑靈敏。二時至新伯公，入招待所晤宋家治，稍休，知外人考察會計制度者將於午間來，朱家驊一行五人則於下午來。余於十二時同金往周達時家吃餃子，達時仍備五碟。一時豐原車來候，過東勢購芝蔴薄脆三元，裝一茶葉罐。至豐原為下午二時，上火車站知二時一刻有慢車，請秉泉坐車往購鹹魚及冬菜，秉全未回而車開行。有一老兵讓余臨窗一座，對座一台灣女郎，略說國語。車行進極風涼，過桃源後下坡，軌道新修更捷，以七時正抵台北站。余至中華書局取得紅紙，書「添福添壽」四字往送秀武四十壽禮，秀往童家打牌，祇向采在家。余至郁家飯，有素湯及葷心油麵筋極鮮。飯後同陳太太步月，至撫順街始回，月圓如鏡，適為六月十五也。回寓後復出至車站，尋得鋁箱及臥具包。盛鑌為副站長，應寫銜名，余單寫盛鑌，人不之知，堆在行李房，尋覓良久始得。余同松如歸，復與秦啟文露坐，清談一回乃睡覺，房間甚熱，但天明時覺涼。

余本與金秉全約往清水吃魚，自清水上嘉義來海線平等號車，因此車須下午五時始開，到台北為晚上九時，既費汽油，又時間不合算，論興趣祇為吃魚，乃變更計畫。又余原擬乘下午四時乘慢車到豐原，適二時車尚未過去，乃提前上車。余又擬自萬華下車，到鄭明家飯，隨又想今晚為秀武生前一日，必有暖壽飯吃，結果則同梅蔭步月，伊大講聖經路德故事，擬飲鮮檸檬水亦未得。記此以見內心變化，此次改變計畫無甚必要，僅是金秉全購物回站時撲了一空，變更計畫易出意外，後當戒之。又此次寄鋁箱及臥具，如或遺失，追尋乏趣，後次不宜圖此輕快。

離台北二十五日，積信件甚多，茲記雜事如下：

（一）戴恩沼夫人唐氏於七月二十一日又生一男孩。

（二）戴恩沚夫婦住高雄大港埔南華路 170 號。

（三）李君佩女葆真及孫譽周踵門來謝。

（四）潮州街一號陳芳林七月廿四請飯，夾陸京士片。

（五）劉季洪來訪，伊電話二三三一八。

（六）寶慶路五號呂松盛來問陳方（芷汀）寓處。

（七）許靜芝、葉寔之各覆一書，謂林主席逝世十年已請示張
　　　祕書長，不必舉行儀式。

（八）立吳關節炎症復發，以前注射阿陀方即消，此次連打阿陀
　　　方及 ACTH 多盒仍不免，稍有腫痛，麻煩之至。

（九）崑曲同期七月三日 101 俞良濟，102 二十日朱佩華、蔣
　　　倬民。

（十）陳宗周中和路 134 號之二（五路，溪洲下車，教堂對面）。

（十一）周蜀雲寄詩來，四題第一題小園有佳句，如「每屆三
　　　　春日，緋紅開杜鵑」、「竹籬苔蘚滿，高處貼蝸牛」，
　　　　如「客至同清話，平居影一雙」。

（十二）張百成、朱品三來訪。

（十三）空軍演劇廿四、廿五均送來票兩張。

（十四）朱葆初（福元）托西北航空公司梁小姐寄來綢單衣一件
　　　　及平安堂大筆三枝，前次余托購「風潮」、「捲心」筆
　　　　不易購到，日本橫羅門面狹小，闊門面者正託日本友
　　　　人代辦，又云家母、安仲鏡岳丈健在，生活均苦。

（十七）黃壽峻已收到余款，四日有謝信。

（十八）施文耀留函，休息余房廿四日，確覺精神舒服，有上
　　　　升氣象，並能做些事，已向立法院銷假，去過二次。

房子託時兆培登過小廣告，求台大、台北兩醫院附近房，尚未覓得。醫生台大附屬醫院去過七次，有一新自美國回者，每次三十元談三十分鐘，黃強不大知名，而且在北投。八月六日要一千元交錦帆。

（十九）季通六月廿九日自金門來信，伊之通信處為金門台字2050號信箱附十六號，求為傳令兵或工友。

（二十）王豐穀來信，商字典部首檢查法。

7月26日　晴

晨侯佩尹、陸景堯率婦李翊民，奉居夫人命來請某日飯，余請並約許師慎、張壽賢。余書「凝妝四照風荷粲，攜袂群峰寶鏡開」祝秀武四十生日，注云於游八仙山回述所見景物，以祝群峰攜袂多，其與姊子、姊女同居，辛苦不言。十時余至侯佩尹寓閱名人軼事及金評西廂，文筆均不平常，係佩尹之枕中鴻寶。十一時半就劉大悲夫人處，大悲八月二日將往羅東為分場主任。其姪婿康君今午留飯，其姪孫自富國島回，善燒四川菜，午至其宿舍同飯，白切肉、白撕雞、豆瓣魚皆佳，飯後西瓜。余至佩尹房睡，四時至梅蔭處試著格子紡衫褲。入秀武家祝壽，秀妹西式衣帶珠圓，極為興奮。余云五十歲余將贈以大洋千元，六十歲則贈二百四十元，其時余八十歲無收入，不敢多許人以財。余等在門口及通惠橋畔攝二影。回寓候仲豪夫婦來飯，菜以鹹魚燒肉為佳，飯後西瓜。到梅蔭處取衣，三時脫下者已為洗淨，正勤快之至。回寓寫日記，燈光逼住，蚊香繞膝，不耐久坐，即就寢。啟文呼賞月，我倦欲眠，不肯下樓。

7月27日 晴

　　晨錢石年丈來，商荔枝冰分詠應徵句，留伊粥。余至立法院文書科交名鑑校稿，孫蒸民云曾陪馬姓女子來尋余，現其人往基隆鋁廠謀事，如不能成就則以煩余。余至實踐堂參加紀念周，黃杰報告留越國軍自富國島回來經過，謂自糊塗受限制、拒絕做工、保持完整、絕食升旗，以至於確定運輸計畫，進一步則法國人客氣一點，末謂外交常識、國家地位、領袖指導、團體堅固皆極重要。禮畢余與之握手乃退。張壽賢語我紀律委員會主任已發表吳忠信，上星期四已來就任，禮卿先生今亦在座，語余云「余為軍人，未曾為黨實際工作」。余曾建議張曉峯舉吳，聽總裁話，有時亦須回總裁話，以吳氏為當。出，至台灣銀行晤丁淑貞、虞裕民。出，至中華書局商定輓張伯雍聯云：

赤燄爐神州，海國孤棲，遺著猶新留一瞥；
生芻陳佛殿，鄉人同悼，餘情依舊話三吳。

　　出，至立法院例借五百元，歸寓整理來件，在寓飯。飯後至侯佩尹寓睡，未見風涼，三時回，在十路車失手方，歸寓臨窗風涼。六時穿黑印度綢衫至鄭家，今日鄭嫂生日（陰曆七月十六日），鄭皓腹痛，林德欣曾患感冒。食麵後又加冷飯，極好吃，燻魚之尾亦好吃。飯後至錢家，同探斗、羽霄、王毓琛打八圈，已十一時急歸，探斗嫌少，經太太罵始停，約明日五點半再繼續。

7月28日 晴

　　晨徐劦繩來摩墨，曹瑞森來為買對，余寫張伯雍輓聯，丁淑貞來還余黑扇。余至中華書局晤吳亮言，同至襄陽路某照相館，

交徐復人帶去輓聯。回至掬水軒涼麵，亮言稱善。余又至中本晤趙耀東、朱品三、張百成，耀東云中本又將減息，溧陽人黃維傑率傅長海尋工作，尚未見到。在寓飯，飯後臥至四時許，至錢家同探、羽、琛打牌至十二時，余負。今日逖先來而未飯，冬姊在家縫衣，王伯母款余蛋糕。郁佩芳述伊堂姊不肯落氣之情形，朱虛白為聞夫客死躃踊而生之子，與妻潘極孝順。又講奚志全生子即逝，與醫論玩忽業務事。夜歸為十一時。

7月29日　晴

晨至黨部借車，晤吳禮卿、張壽賢，與睢君講台中會況。同壽賢探子弦病，疑是傷寒，不得錢購藥，又失了交通銀行有關之法律顧問，月薪四百元。出，至陳梅蔭家吃乾菜蛋湯，送去格子紡短衫褲，請梅洗之。午歸飯，下午下樓，在入門處客廳寫祭張伯雍文。五時後李向采來，同運米至向采家，即至德惠街童寓食鍋貼與稀飯，園座頗風涼。余至杜逢一家學百搭麻將，杜長女四十二，幼女二十餘，長有嬌態而幼專操作。夜十時返寓。

7月30日　晴

晨以高麗紙書祭張伯雍文，攜往中華書局，吳亮言、孫再壬稱贊。又至和平東路三段陸裝新村，請鄒敩公（競）任明日圓通寺主祭，敩於民十八至廿三為吳縣縣長兼督察專員，伯雍之父母官也，蒙允，伊所居至破舊。還至楊寶乾家酒飯，余請威士忌，寶乾自飲清酒，以半瓶為限。飯後臥，臥後坐車至俞良濟家，請李崇年、朱佩華來打牌。雷孝實夫婦來同飯，雷、朱吹笛而程競英狂唱，至飯時李太太來，余始下坡。飯後一蹶不振，十時得返。今晨擎華來，擬同上峨嵋街覺林麵，而是館尚未開火。擎華

聞母病重，商余寄款，又告受和、醒宇在港生活均苦。

7月31日　晴，下午有陣雨之勢，雷殷殷作，五時三刻方雨

　　晨起理書箱，發現張伯雍三十九年九月廿四日同余講溧陽宜興學堤莊生意，正為自述所缺。八時一刻坐汽車至中華書局，即以此車候於殯儀館，載伯雍骨灰匣來。公園前同鄉來者三十左右，分乘旅行社包車（接送一百三十元）及中央黨部交通車，先後向中和鄉圓通寺行進，路已較前整治。抵山腳，伯雍學生四、五人分捧灰匣，次一茉莉小花圈，送客二人一排，向寺行進，邱紹先沿路攝影。抵山門，獅象分塑門前，骨灰則置大雄寶殿前，尼七人袈裟在殿接引，唱香讚念經，鐘鼓齊鳴，撞鐘伐鼓皆以長槌，主功德者頗具威儀。供箱畢，余等已在殿側小室設位供象，余裝水菓四盤，楊寶乾茶食四盤，蔣君司儀，鄒競主祭，余讀祭文，約五十人潔誠公祭。祭畢上彌勒殿樓，余講張伯雍生平約四十分鐘，以喚起學生及後人效法。此樓遠山近田，憑窗可望四面來風，極為涼爽，布置亦美，惜茶味不佳。十二時半進齋，約五十六人，在齋堂六席，每席四盆兩菜一湯，乞福建炒粉絲及飯，席百元。飯後余至佛洞前殿，殿牆已改石砌，見女學生旅行至此，方縱橫晝寢。余亦上殿樓之仙鶴窗洞之角樓，同沈德仁略睡。德仁頗謂不採形式組織，而以實幹為聯絡之同鄉會方式。正談論間，聞徐復人女膝蓋破口出血，乃因走路踣於石上。二時歸，金迺揮為車掌，服務極細。金於一日接余信後往晤鈕惕生先生，三日代表蘇松太飛機場送行，為張伯雍遺灰奉安先印一通知，得余信後又改印一次，又往定車，做事精細，余甚欽之。余同徐培、丘維震入冷飲檸檬水，乃歸。五時半赴浦城街居宅，已進羅斯福近巷，而余迷於方向，又走至師範學院之後，折至雲和

街，辭朱鍾祺不往飯，鍾祺頗關心輿地學會之兩萬餘元，豐穀不
在寓。余至居家，居夫人已候久，浩然及婿、李翊民、許師慎，
張壽賢因感冒未到。居夫人開上等蘭地，余飯四盃微醺，報告排
比經過，李翊民補最後三年大字，浩然補行略，余皆請師慎先
觀。余至中心診所出席正中書局編輯委員會，委員均到，劉真妻
代劉真出席，吳俊升、陳雪屏、張其昀、鄭通和講話，余亦講：
（一）教授書最充增教師教學相長，知識宜取材廣泛些，使教師
不看別本書而得相當知識；（二）如正中怕印黨義書，則宜以贏
餘一部分津貼印黨義書者，余指旁坐之葉青帕米兒書店即為應受
津貼之書店。至九時三十分，余主散會而下至再開會，諸人贊成
乃散。正中設此會，久不開會，殊不合理。余持技與藝雜誌上載
余演講詞「閒話速記」，羅剛閱後大笑，陳雪屏購一冊，謂除余
之講演詞外無足觀者。此雜誌已中斷一次，亦艱於得稿，如余
之稿乃無法送酬，終必不能維持也。鄭君車送余回寓，上床得
酣睡。

閒話速記——在中華速記班二週年紀念會演講詞

　　許師慎先生在前幾天找我說：今天有個講話的機會，我問他
什麼機會？他說：中華速記班成立二週年，要請我講話；我想大
概天下的事情，往往是相反的，「速記」班竟然請我這個「慢
記」先生來講話，真是反其道而行之。記得吳稚暉先生曾講過一
個笑話說：「吳敬恆那裡是敬恆，僅是一個吳不恆，就是你狄君
武實在是一個狄君文罷了！」

　　講到我的慢記情形：當我十四歲在上海的時候，我的慢記已
很出名，有幾個社會集團，有什麼演講會議，常請我去當紀錄。
我的慢記不但記得快，而且記得很詳，講完的紀錄，整理五分

鐘或十分鐘，明天早上報紙登出就是一篇過得去的稿子。我那時慢記的程度，不但記得很快而且整理得蠻好，並不像一個十四歲的小孩子記的。後來我在北京大學讀書，即以記筆記最快出名；那時，胡適之先生是我的老師，我記他講述中國哲學史的筆記本子，批的是九十分，本子在他那裡放了一年多，後來出版的那部「中國哲學史大綱」，便是就記得較好的筆記再改正補充了一點，算做初稿。另外還有一件事：有一天同學之中，為了護校做了一件不好的事，要組織法庭審問，同學大家推我當書記長，因為我記得快，而且可以站著記走著寫，人家沒有注意到我在寫我便已寫好了。當時我們當他是犯人的同學，看見我確實在那裡跑來跑去，便供稱狄某是跑來跑去當紀錄，法官說：「跑來跑去是庭丁，那裡是錄供」；便認定無罪。其實他們的口供，我已經紀錄下來了。這是關於我的慢記介紹，不再多說了。

我認為速記是和我們本黨民主政治極有關聯的，為什麼呢？回想在清朝那個時候，議會裡已經有了速記，演變到民國後，各種會議逐漸加多，本黨從民國十六年離開廣州後，什麼事情都要會議，會議就要紀錄，紀錄就要速記，因此速記成為時代的產兒。

說起速記，確是一件不容易的事情，你說他容易嗎？如果用一架鋼絲機（錄音機），人家講一句，就錄一句，回去寫下來，一字也不會錯；但是用鋼絲機不但對圖表毫無辦法，並且錄下來的與速記比較好壞，還是不同，在什麼地方呢？這好比照相一樣，你照相的時候，有時照得清楚，有時照不出來，至於照相技術的真正好壞，更是大不相同，完全要看各人的本事。

我想起幾件事情，是速記同仁一定要注意的：

第一、會議的形式必須要了解。譬如總理的民權初步，是速

記人員的衣食飯碗，是一切會議的依據，我們必須要知道的。除了民權初步以外，例如在立法院，就要知道立法院的議事規則。另外對於參加某個會議的印像，事先要知道一個大概，這也是很要緊的。

第二、速記人員無論對於什麼學問，都要懂得一點。譬如講財政，就要懂得財政的大概，什麼叫戶稅？什麼叫國民所得？什麼叫國家收入？什麼叫預算？什麼叫財務？等等。又如講憲法，就要懂比較憲法及我國行憲的體制。至於各種學問的目錄，目錄裡面的名詞，名詞裡面的涵義，也要留意，如果恍惚了，很容易弄出笑話來。對於各種新的科學，當然很重要，還有老的知識，如論語，孟子，五經等一類普通的書，也都要知道。因為有些演講先生可能也有許多講得不對的，如把孟子弄成論語，論語弄成書經，是在所不免。假如你不知道，一定就會跟著錯誤的記下來。

第三、是聽話。聽話確是較比難，譬如我狄膺的普通話，就是講得一塌糊塗，記得從前在北京大學的同學會裡，我有時當主席說明開會宗旨，通過章程，還算是很好的。有一天開游藝會，我去告訴總務科的一群大興宛平籍的職員，需要紮一座「牌樓」，多麼大，上面寫些什麼字；後來聽人說，那些職員根本還不知道我所說的牌樓是什麼一回事。那一定是重音應在第一字，而我弄錯了。大概省份離開愈遠的人，普通話會講得愈好。譬如溫宗堯先生和從前的北京大學工學院院長王建祖先生，他們兩位是廣東人，但普通話都講得很好。如果遇到了聽不懂話的人，那真是不容易懂。我平生曾遇到兩位仁兄，其一、立法委員王祺，字淮君，衡陽人，很多發言，但很少人能完全聽懂他的話。我曾作諧詩一首：「起立欣逢王老祺，縣鰻不能盡其詞；蔡璋速記無

從記，咬斷洋鉛筆一枝」。其二、北大五四英雄倪品真，郴縣人，一口土話，聽來硬是費力。我曾作諧聯贈之，是：「說話一百年也不清楚；做事十二分算有精神。」此公因說話吃虧。上面所說的護校案中，曾經被處徒刑。諸君如遇見了王君倪君那樣的人，只有等他一講完，便請他把要點自己寫出來，他自己也曉得他的話的確難懂，決無不願意的。至於普通話說得極好，而再教自寫要點，則確是多餘，但以之對付自己講過的話，自己不承認的人，還是有用。關於聽話這個問題，並沒有什麼要訣，祇是逐漸養成的。做速記工作的人，什麼角落裡都要去，我介紹諸君幾個地方，譬如大鼓書場，京戲場，紹興戲場，甚至於臺灣話的福建戲場也要去。只要凡有「音」的傳播，你就把它照樣記下來，如果在打電話的時候，速記的人，無論什麼「音」都能記下來，寫出來，那就算是高明能手。大家都知道，速記是在內容大體的明瞭，祇要自己的各種知識充分準備，再加上一個耳朵，因為耳朵是和事情發生關係的，如果耳朵不靈，便會記出很奇怪的東西來。

第四、是輪班紀錄。我對於這個辦法很不贊成，在整理的時候，可以輪班，因為整理是很費工夫的；但是在聽的時候，一定要大家全部聽，這樣你的音我可以用，我的音你可以用，而且一個人的注意力是有限的。譬如從前戴季陶先生演講，他每次演講的時間相當長，上來一個大帽子你可以不要仔細聽，因為他那個開頭很長，但精采的卻在後面，頭上幾句到後來他必再複述一遍。一個人到最後注意力不足的時候，這句話明明是講了，也可能聽不見，好像沒有講似的。所以聽講的時候要大家聽，整理的時候可以分開來整理。

關於整理的問題，我那時慢記早已發明了許多方法，就是拿

常講的名詞，分類編成幾個小冊子。凡是音樂學上所常用的符號，你們可以全部接收下來；凡是音樂上表示聲音的，都可以想方法利用。至於「四書古籍」方面，最好是分類，編成號數，以後凡事講到古書，可以不必記句子，祇記號頭，記數目字，這樣一來，可以不容易弄錯。外國的新書，都是把一節一節編上號數，現在中國新出版的書，已經也是這樣。編號的簿子，最好一個人獨用，不要和人家共用，免得常常借出去。並且還要有一個大的圖書館。記得我在法國時，曾經有一次大出風頭，就是有一位先生講詞，當時是根據某書的，我已看過這部書，便用法文筆記下來，而那些法國人是買不起書的，後來大約有四十多人需要閱讀這部書，借了好幾天，都沒有借到，記不下來，便借抄我的筆記。所以一個速記學會，一定要有一個很大的圖書館，來收藏各種參考的書籍。並且卡片目錄要編得得法，容易尋檢。

　　還有幾件事，要請大家注意的：我們講話，有一個道理，越要講得親切，越是要用土話來講。譬如講一句英文，要是用同樣一句中國話來代替，也是可以表示出相同的意思的，但很不容易與原意恰當；假如我們用頂通俗的話來講，那就親切而有趣味得多了。本來中國的話，各個地方都有其奇異發展之處，所以為什麼遇到同鄉會，大家在一起談話，便很高興呢？談話內容也和陌生人不同呢？這個道理，大家都很明瞭，就是說的家常土話，語言毫無隔閡。可惜中國人對於這樣好的東西，不知利用。講到這裡，我用一部衛道先生認為頂壞的書──金瓶梅，來舉一個例，書中說：有一個人，他本來沒有犯罪，但結果被拖累了，就引用了兩句俗諺來證明當時官廳的糊塗，是「張公吃酒李公醉，桑樹脫枝柳樹陪」。這兩句話很清楚的說明了這個人是被冤枉，要是直接講冤枉的話，如何有這兩句話好呢？而且使大家便明白

是怎麼一回事呢？可惜中國人是頂不講究這一點的。像這一類的言語，從古到今不知消滅了多少，在外國是專門有人來保存的。如同法國里昂的傀儡戲（這戲是用手指拿木人表演的），是本地戲，也是本地話。這種戲不但要用本地人演不可，而且非用本地話不行。這種戲裡演出來的話，本地人是喜歡之至，因為表演的劇情和對話，都是他們所最易了解最易體會的。

今天在座的速記同仁，你們都是將來的編劇老手；你們所紀錄下來的不論是一篇演詞，或者是那一段對話，都是活的文學。你們要把頂好的頂精采的表現在句子裡，尤其頂重要的字句，要把它記下來，更務必要記在肚子裡。記得從前有一次譚延闓先生在京滬車箱考問我，那時是在龍潭戰後，當時死了許多兵，死屍是用稻草蓋著的，發出很腐臭的氣味來。譚先生問我這是一種什麼氣味？我想中國書上形容這種氣味的字句是沒有的，祇記得巴黎茶花女書上，寫茶花女打開棺材來有一種氣味，於是我想到那幾個字，便答覆他說是「腥膻之氣逼人」，他說這兩個字用得還可以。假使我以前沒有看過「茶花女」，或者記不得這幾個字，當時就無法回答了。所以平時無論什麼地方的字，都要留意，到了你們的手裡都是寶貝。又如紅樓夢上常說到「嘔死人」，這個「嘔」字，卻是特別能夠表示意思的，這種字在你們的字彙裡，也都是很寶貴的。因此，你們擔任速記的人，可以很快樂的懂得各種聲音，可以從練習各種聲音來學著唱歌，可以用紀錄內容來編造劇本。

另外有一件事情，是寫字。寫字現在有一個要點，就是寫簡體字實在不及寫標準草書容易。大家空下來可以學習草書，如果行通以後，那麼整理紀錄就可以用草書寫。現在大家整理紀錄，還用一筆不苟的楷書，這實在與速記的意思相反。

　　除此以外，還有一點，就是講紀錄的正確和美觀的問題，假如是紀錄供詞，那就無需美觀，祇要正確；假如紀錄演講，那就重在審美，並不一定要完全一句不錯；所以紀錄第一是最好不錯；第二稍許剪裁一點也沒有大關係；但最要緊的不可杜作主張，一定要給演講者本人看過，這是速記同仁應該要知道的。

　　關於認識人，我現在再講一個笑話：有一次我從火車上下來，看那些接行李的紅帽子，絲毫不會弄錯，我就問他：「你們接這麼許多人的行李，有什麼方法知道那件行李是誰的？弄得清清楚楚」。他說：「我們不便儘看人家的面孔，祇好向下看，記人家的鞋子，襪子，褲子和衣服扣子，這些東西的特徵記清楚，就不會錯了」。所以速記同仁對於會場上的人，先要看一個大概，有許多「三必」先生，他們是有會必到，有到必講，有講必是那幾句話。你們看了會場以後，就知道誰是「三必」先生，再把他們平時講的話一看，就可以預料到他要講的是些什麼話，有幾個先生，雖過了一百年，總仍然是這幾句話。譬如過去俄國人鮑羅廷，於國民革命軍北伐時，到處演講，總是有「我們現在為什麼出來幫助你們革命，因為我們蘇維埃希望世界革命，中國的革命，就是我們革命的一部份，所以我們幫助你們革命」。這幾句話。又如張溥泉先生，講到頂起勁的時候，終不免作革命暴徒的聲口，並且是法國式的。又有些先生，平時講話總是那樣的表情和習慣，我也替他們起了一種別號，如交通部賀部長的聲調及表情，叫做「欲哭無淚」。陳院長過於叮嚀周至，說到臨了，總是「欲罷不能」。谷正綱先生的右手無名指往下頻頻指戳，那是演講到最高潮了。當這些事情被你知道以後，有時真使你開心，因為你預料到的這句話，它果然來了。某種表情，某種動作，也果然來了。人生是痛苦的，不要太矜持，人要能夠工作在娛樂之

中，比較是活得有味些。

最後我講到你們研究會的問題。你們速記同志，大家集合起混合分組，譬如一個懂財政的，一個懂軍事的，一個懂法律的，還有懂文學和經濟的，分別幾個人編成一組。推一個年老的速記同志做領班，大家不要看輕他，因為他的經驗多，知道的事情多。這個分組的好處，就是當你去紀錄的時候，可能有些事情是知道的，有些事情是不知道的，大家回來以後，可以互相交換各人的所長。所以你們組織一個團體，必需要人才薈萃，內容豐富。

還有一件事，就是你們將來可以出版一種頂好的東西：你們紀錄的副本，在現在是秘密的，到幾十年後，已不秘密，可以拿出來編成一部書，把當時會議裡各人的對話發表出來，真是可以風行全國。譬如西安事變，是歷史上很重要的一件事。那一次我有一個特別記錄，把當時會場上那一個人所講的什麼話，全都紀錄下來。又如國民政府暫駐南昌的時候，所舉行暫定在南昌的會議；以及一二八上海戰爭開始時的會議，當時在場講的一切，我都有紀錄的。這些資料，如果將來要編歷史的話，它的價值真是無法估計。所以你們不單是做一個當場的速記為止，更重要的還要把許多有意義的東西記下來。如此，大家的生活不但可以增加趣味；並且在學識方面，一定也有很大增進，著作等身，在速記先生是極容易的事。

我想將來反攻大陸勝利以後，需要速記工作人員一定很多，希望速記同仁，大家要格外努力，爭取成為速記的第一流，要本著埋頭苦幹，虛心研究的精神，走向精益求精的途徑。今天零零碎碎講了這幾點，不足供諸君參考；諸君已笑了幾次，我的演講不止是「可發一笑」了，便應該至此為止。

8月1日　晴

晨因動員月會赴總統府，遇申丙於門，伊生乙未十一月十八日，長余一日。上樓尋葉寔之不遇，遇行政院人事室之北大同學□□□，引余遇王參事□□及王祉、邱梁、卓景暄、郭外川等。外川未見，余留片述請介紹洪亦淵與教育廳，但不願為教員狀。下樓見胡立吳，同許靜芝入介壽堂參加動員月會，郭寄嶠報告軍事，安徽音頗不易聽。姚琮贈余味筍齋所印詩，張默君贈余所撰褚遂良書大字陰符經跋。散會，余入立吳房，張炯（星舫）來譚，伊割疝氣係用針縫合漏處，但其時小便頻數，有一飯三遺，尸不便濕褲襠之狀。醫用針戳入尿管，不幸破了膀胱，於是順便割去攝護腺，今年七十五歲，一無障礙，容華煥發，真幸事也。立吳關節炎，打針不全愈，甚悶。出，擬自博愛路歸，而內政部長黃季陸以車載余至同安街，余至憲英處、樓桐蓀家略坐。自川湍橋搭十三路至圓圜，走至中華書局晤姚志崇夫人，乃紹先之姊，留飯，吃火腿湯、王瓜塞肉。飯後臥劉克寰床，起來食西瓜。凌同甫夫婦來，同至梅蔭處打牌，中華書局送飯來，十時方歸。

8月2日　晴，台北有陣雨，余不之覺

晨曹瑞森、祝兼生、狄德甫夫人均來，余書朱虛白母郁太夫人贊云：

聞夫喪，身爵踊，腹兒墮，哀生勇，

艱以撫，乃虛白，痘微痕，人如璧，

學北大，重南金，長宣傳，範儒林，

奉節母，來台京，傷亂離，神不寧，

倚閭望，持杖罵，順以孝，謹日夜，

媳氏潘，雅能畫，敬唯對，懼哀邁，

女攜婿，自美洲，來團敘，博優游，

母壽終，八十二，節已榮，孝不匱，

錫壽考，因孝慈，足風世，書之碑。

　　寫就後，穿黑衫往送，靈柩已上車將發，靈車一，送客車一，上六張犁厝。聞棺入水泥厝室，抬進極利落，殯儀館之服務亦有足稱。余至梅蔭處，伊為量衣。余歸寓，因天熱少睡，不甚健飯。飯後睡，睡起較適，赴溧陽同鄉會略講南韓簽約停戰後大勢。狄受和自香港偕張君來，報告港溧狀況，憲英亦來食西瓜，有一黃衣女郎為余扇風。三時半出至館前街合作社三樓，參加崑曲103同期，張振鵬自大成來，云唐夢華係上尉財務審核官，甚能幹，聞彬弟死信甚悲。振鵬云大陳島前時有接觸，以地面小，共匪軍隊展不開來，不能大規模來犯。自韓撤回之隊伍不少，其主管官姓名即在隊伍中人亦不之知，副隊長持卡平槍，普通兵步槍，卡平槍一發五十子彈，足以掃射叛逆，故無反叛。論待遇此間尚不如匪共，故亦無反意。大陸廿二至廿八歲之青年幾皆入伍，共軍有六百萬，以此相比，一戰役共軍死一百、我方死五十，以艱於補充言之，我之損失多於共匪。又前線醫藥缺乏，運輸困難，一奮勇愛國之青年經受傷後運輸極難，一、二日不得治療，足以影響士氣。人民無武器，駕舢板，有鑿舢板使漏沉，致無法登陸進攻者。語皆實情，而此間無法知悉。今日崑曲同期唱散曲居多，余同俞良濟、汪經昌同飲檸檬冰水一次，食山東韭饅後，同出在臨沂街購菜，俞家飲威士忌。飯後同至王導之家打八圈，王夫人請審計部廳長汪君，其人手戰、腳有神經痛，獨輸，可見打牌乃出賣健康也，連日為之不已何益，擬戒之。

8月3日　晴

晨來訪余者趙叔誠、陸景堯妻等，致余不及往中山堂聽陳辭修紀念周報告。十時往立法院，中華書局領息，下月利將自五分減至四分。又至中本領息，不能再加進去，余存項停於三萬九千，得存息可抵戶稅證明書一紙。午過中華書局，同孫再壬、吳亮言赴中華路迎春園蘇錫館飲酒吃飯，菜每碟七元，粉蒸肉祗五元，味佳。飯畢回寓，天極熱，坐樓下，進門處去屏以當風，飲檸檬水，有同住人專門委員李夢伯苦熱，身子不舒。五時攜高粱酒至楊寶乾家，飲大陳來雙龍酒大麯一瓶，菜清蒸鱔、臘肉百叶包湯等，極暢。飯後同錢中岳至泰安街朱虛白家，於贊上改數字，加四句，歸寓乘涼乃睡。

8月4日　晴

晨擬在寓竟日，而梅蔭來，同往功德林素麵，攜包子一袋下樓，遇孫秀武往景美，乃贈以袋。余另購一袋攜往孫伯顏家，啞七大樂，與余擊洋鐵以嬉。再壬夫人來譚，兩腿如羊，舊式之至。余睡木板床，得小腮三，飯及西瓜各一碗，孫房飯後如蒸，余同梅急回重慶南路，飲檸檬冰水，購物一回乃回寓。天熱如昨，余略閱大陸雜誌，有姚鶴年守溫卅六字母新證，頗簡明。六時攜酒與鄭味經夫婦、明、怡、澈飲之，甚暢，鄭嫂云鄭皓家前有跳擔臭豆腐干，經朱少屏夫人指點甚佳。飯後繞老松攤場及龍山寺一回乃返，天極熱。

8月5日　晴，午後陣雨，晚晴

晨至黨部，總裁將到常會待開，余擬請羅志希自來出席，用電話聯絡未妥，而會議已開始，不便遲入乃歸。曾兩探楊佛士，

伊適熟睡。歸寓飯，飯後略臥，未能熟睡。三時至俞家，同秦景陽先生、陳逸凡打牌皆負，俞君獨勝。雨後在庭院食銀翼一席，叫化雞、四合素二味皆佳，余不敢多飲啖，十二時歸。

8月6日　晴下午有雨

晨洪西恩、徐振玉同來，往大新粵點，貴而不佳。入中央黨部參加業務會議，周宏濤主席。討論修汽車工礦公司獨家修理，時間遲，工作平常，而價亦不便宜，余主進口新汽車而為一種牌子，約定在台北設修理廠。又討論臨時工作人員要求醫藥保健費，余主不可，但因物價高，主修正每日計酬之價使能生活。會散，宏濤贈酒一瓶，余訪佛士略談。歸寓，探斗以電話來請，有蘇州女子張姓毓貞嫁海軍軍需官劉鴻祥，貪汙經人告發，而以手槍擊傷告發者，判處徒刑十五年，張與離婚，有八歲一子劉培炎，神經失常，擬送松山精神療養，與余商入院方法。飯後同探、佩、王毓琛夫人打牌，九時散。歸寓，王培禮來，謂余不應向張百成說伊舍中央信託局臨時人員而入陸軍大學任祕書，舍錢多而至錢少，除非解釋思想上有問題，餘無可說。培禮解釋種種，最後謂極為憤慨，未免逼他上路。王去，旁有聽者謂單聽今夜口詞亦不穩也。

8月7日　晴

晨錢馨斯來，余為劉培炎作書致王辛寶，請伊往問松山精神病院能收劉否。姚志崇來選料，請余定夾袍料。丁溶清來囑尋存款處所。吳禮卿先生來，謂有所商談，值房中人多，乃談薩坡賽路十四號英士先生之死，袁世凱遣張宗昌部下給七十萬做此案。河南人王介藩當場打死，余說可惜，先生云該死，毫無可惜。丁

景良彈中腹部，曹叔實打傷左臂。吳是日在場有三次中彈機會，一入門槍發中僕人耳邊，二吳蹲身得免，三在門外亂槍發希一網打盡，先生臥伏馬路上得免，王、丁、曹之傷或死在是時。至薩坡賽路十四號之來因及英士何以住此，則別有說下次再談。余送先生下樓，先生曰許多黨史缺少真實性，其中個人自飾如何參與者不少，歷史大概如此，余不願細舉其目。九時余同丁溶清兩入中本公司，擬託趙耀東存款未遇，乃入冷飲店飲檸檬冰水。十時集正中書局樓上，同陳雪屏、劉季洪、吳士選、周鴻經、張梓銘預商商務股東談話會事。十二時在錦江飯，飲高粱三盃。回寓洪姥姥來囑為其子朱大昌插班強恕高二，其子已在東吳旁聽，恐無甚興趣。三時工作會議，余以國父史蹟紀念館大門圖樣請核定，周宏濤謂商定再核，沈昌煥云下面不便列中國青年反共救國團，張其昀說可懸一豎牌，即商該團，如不聽請胡執來，我與之說。討論案黨證關係，余主：（一）討論內容參加者應守祕密；（二）熟悉有關案內容者奉召可以列席。又討論總裁嫌台灣醫師及工農入黨者太少，第一組訂補救辦法，余主應先歆動其入黨，如開講演、展覽等會，如施藥施醫，然後擇尤介紹為黨員，原辦法單責成黨團，一錢不費而思收效甚難。余作譬云某甲怪神不佑，神云汝曾來拜余，但汝於蠟燭香亦湊人家現成，余不樂理會，聞者皆笑。六時余至俞良濟家陪楊管北、雷孝實飯，端木鑄秋、裴存藩、儲家昌均至，主人為李崇年、俞良濟。孝實前次與管北口頭爭執，崇年設酒調和，管北先至，孝實來時已應宴有酒，仍喃喃我是商人云云，吃銀翼一席，叫化雞佳，飯後西瓜。唱琴挑、思凡、折柳等戲，笛膜壞了吹不上勁。裴自滇、緬、泰、紅河、怒江三角洲旅行六月返，謂李彌部隊二萬弱，有以馬姓為中堅販鴉片煙之強徒一隊，亦聽指揮，李彌得天時地利人

和，彌亦能作擺夷話，每當夕陽西下，水擺夷集水際歌跳，真是
美極。裴說此在飯後，余聽之甚樂。又雷孝實語余蔣倬民塗改工
人加班費單，侵漁公款約六千圓，公款追回，職務已撤去，免其
移送法院。余與良濟夫婦皆不樂，蔣為好青年，二年前與徐穗蘭
訂婚，久不合巹，大概為準備嫁裝以圖好看，今如此反而難看，
此為圖虛榮而致敗也。又聞水泥公司之王裕民君及因案被捕，
亦曲社中人，惜哉。

8月8日　晴

　　晨陸京士來，伊於廿六日乘查燈塔一千噸輪船，自基隆出
發，經澎湖、小琉球、鵝鑾鼻、綠島、新港、花蓮而歸，風平浪
靜，酣適異常，臥房尚空一塌，惜余不往。既而陳炳源來，引余
往廈門街 99 巷號觀侯成房，有空地而無樹，房亦不易改造，又
至金門街觀一房，房可住一家而無空地，又望一家而別。余至狄
德甫家告狄大北已可進鐵路小學，遇姚廷芳，同食曲園三鮮粉、
豬干湯。出訪蘭伯，因驚駭受苦過度而患心藏病，心房跳躍，談
住房將被迫遷讓，朱人德在北投陸軍醫院積欠飯食七百元，欠藥
房亦不少錢，洪叔言心情亦不合理。余給朱人德購物品二百元，
蘭倚門哭，余無辭以慰而出，真慘苦哉。歸寓飯，飯後得熟睡，
有如宿逋一清。五時為史清河娶呂國英，在記者之家結婚證婚，
溧陽人到者不少。史（字君勗）在基隆港務局港務組司棧，呂國
英臨海縣人，父為營長，已歿，由表母舅王臣憲為主婚。余於敬
酒後離記者之家，在迎春園前遇季炳辰，伊吃飯將畢，伊加火腦
湯，余食飯兩碗，飯桌設中華路上，頗風涼。飯畢同季至安樂
池，觀池後新造房，占地不小，因無錫孫君得利無處用乃造此，
余看適合蘇松太開會否。出，同至蓮園茶座，聽孫玉鑫說武俠

傳，張翠鳳大鼓鬧江州極賣力而嗓啞，癡肥而老，可憐也。歸途失錢石年丈所刻狄膺小名章。

8 月 9 日　晴　星期

晨祝兼生、曹瑞森、王培禮、方肇岳來，兼生已查常會紀錄，伊河南省黨部任職名字足以塞上官俅之舉發，上官俅之妻與馮葆民之妻吵鬧如舊。九時赴正中，陳雪屏昨已晤王雲五接洽。十時余與周鴻經同車赴台北鐵路飯店，出席商務股東譚話會，十一時始開會。王雲五主席，股息每股發二十元，成立業務設計委員會九人，余當選，周賢頌、余又蓀、王洸、陳百年先生、張廷休、劉季洪、趙叔誠均當選，惟吳士選票不足，大概雲五方面舉又蓀也。余主設計股東會之開會，得通過。一時西餐，果醬甚佳，二時同導之歸。同楊俊如夫人至羅剛妹家，晤其夫王君，打牌之另一角為吳保衡（吳保容之兄），打二十圈，吳婦南翔陸氏來。十二時回寓，本夜中央黨部請觀董小宛，楊、羅堅不許，未往，聞主角為夷光，貌可而聲不佳。周星三來贈鳳梨三隻。

8 月 10 日　晴

佩尹來，同赴西門町覓點心，僅三六九開門，吃魚麵及湯包。余走至實驗堂，胡軌正作紀念堂演講，報告青年登山等運動總數一千人，未發生意外。散會，周宏濤囑余立法院黨部委員選舉方冀達，財政舉侯庭督，院內之選舉而院外人來請託，亦希奇之一。余歸後攜流漿鳳梨與鄭明，明請假料理家事，家中無下女。歸，同秦錫疇略飲酒，飯後睡熟。睡起赴梅蔭處，閱五續今古奇觀，有八股時代秀才、童生所寫，用典故自以為佳妙，而實在不通順之信兩封，殊足發笑。食鳳梨後，至新聞處繳與周雞晨

喜聯一百元，伊方食一天一元菜錢之飯。回留園麵店，與劉華三談近整理市容係警察所為，市容較整而旨在得些錢，照安市場之攤販已在每日收一元至五元，準備中秋送警察禮物。又三區警員某查三條通某私寨，既得金，復與姑娘睡，姑娘苦邏擾，遷延平北路，其人又約其友在該區服務者往，此皆屬於民眾痛苦。六時半赴劉孟衢麵，今日伊次子生日，談舊日余往津市游玩及在南京吃點心種種。飯後歸，文耀正兀立黑房中，余坐窗下待之約一刻鐘，伊下樓，余方開燈，下樓浴，天熱不能寫閱乃睡。

8月11日　晴

晨辨明即起，白光在樹隙中，久之白處轉紅，而樹頂天空益白，鳥鳴聲三、四種，余以為樂。昨晨有凌銘來，伊考取三副，患盲腸炎，台航公司為醫治，費二千餘元。余觀其割線甚長，謂基龍醫院一次未開妥，復二次開刀。主管者說凌銘工作不壞，大概不至於半途而廢矣，余為燕謀及太倉地方欣之。九時徐向行來，比前發胖，謂徐宗彩已得胎，乃云夫婦月入祇五百元，請人刮去，今已致病，余贈以二百元，同向行功德林麵，帶包子及荔園龍眼送俞成椿。見成娸一男一女照片二，西歸抱攝。閱鈕惕生先生費城來信，長德至紐約接往，費城所居為別墅，極美，又有親戚以車來接往華府留四日，擬對美國社會多考察，將延長居留期間。吳先生病伊主移美州開刀，所需約二萬元，最好熟人捐助，勿動國庫。十一時在和平東路乘車，遇吳禮卿、李崇年參觀正為崇年整修之房，崇年命車送余回寧園。閱暢流幾段乃飯，飯後睡，睡起見文耀上樓呆立，知伊以睡為宜。余下樓出門，陽光照耀，無可去處，乃入大世界觀睹文豪懺悔錄，女主角甚美，場內極熱。四時半至鄭明房臥，六時飯，聽鄭澈講侯家源祖護長城

牌油漆及某軍事機關投標處理不公各節。飯後余至錢家,知黃曰昉生一女,王敦美今日生日,錢太太講養雞,余學犬吠一回,乃走長安路入李向采家。秀武前日至木柵,乃因文書科主任金駝子位辦公桌不公,秀武氣憤,余勸慰之。九時許返,得楊佛士信,謂祭張伯雍文真情文兼至之作,弟現在做不出矣,又曰余體如入秋再如此,不幾成為廢人,閱之慘然。

8月12日　晴時有雲間微雨,入夜一次雨街濕

晨起仍早,侯佩尹來述大悲夫人擬向余借兩千元為赴羅東上任資,事屬必要而余無以應,又約星五晚老正興餞大悲夫婦,囑余攜酒。九時毛同文來,姜超嶽書約廿三日星期日晚六時往木柵線溝子口中興村夜飯暢飲,修去年故事。又約九月十二伊女楚揚在紐約適陳□興,係經商而研究國際法者,同文為製新娘白緞子繡花服,與余計算僑園宴客。十時同飲檸檬水,乃別。余至立法院借錢,胡小姐略有光彩,祇重三十幾公斤。歸在冷攤得林西仲古文析義,西仲名雲銘,福建晉安人,康熙丁卯編此書,在杭州印,余所購為光緒丁酉版,與綴英同歲,字大本子簿,可供床上閱覽,惜缺第七卷一冊,為摩挲久之。飯後臥,自上月廿九立秋,朝暮窗椅搖風,有秋意,正午床桌皆熱,仍溽暑。三時至梅蔭處閱今古奇觀五續,似非出一手。四時入台北婦產科醫院,探黃曰昉三等房二十五號,頗傳熱,又聞吳亮言所歡阿順亦在此產女。回陳家食涼粉,加香料,幾吐。夜飯時有炒蟹粉不鮮,以燒臭豆腐干為佳,郁鴻英同飲,余飲白蘭地兩盃致倦。同梅蔭尋蓮園,知大鼓暫停,歸寓則寧園有電影,交通界歡迎譚伯羽,余與晤伯羽,已發胖,訝余瘦。伯羽為凌竹銘書顏字楷行兩種,比前進步。劉季植已得為建國中學數學教員,偕朱慕貞來謝,未晤。

8月13日　晴

　　晨溧水李徵慶來，伊於反共史事詩外，又作開國名人及抗日英雄史事詩，住桃園鄉下，與六十三歲之兄乾一砥礪名行，茹苦安貧，亦不易得，談久之始去。余閱蘇東坡文至午，午飯後出至侯佩尹處休息，商文立亦來談，五時回城，飲檸檬水。入雷家，晤朱世楷、項蓉攜女來，伊等新竹房已將住房擴大另建廚房，同住寡婦有反對之舉動，極乏味。六時半回寓，上海童軍紀念八一三，在寓簡單設飯，余晤張忠仁、夏煥新、鄧傳楷、黃伯度等，朱重民先生未為余在日本購到展大古法帖，還余美金十一元。余至老正興餞劉大悲夫婦，徐漢豪夫婦、鄧武、但穎孫、崔載揚、陳國榮等食翅皮席一桌。余於八時赴錢家打牌，余負。十二時歸，得熟睡，晚上秋風至，中夜回熱與中午同，怪事也。

8月14日　晴

　　晨憲英引史志剛來（住基隆市東明路震東巷九號），投考行政專校及淡江，怕不錄取，囑余寫信。憲英講伊寓幾是溧陽小同鄉會，及葆貞來借美金 40 元各節。九時項蓉攜女來，睡於床上，余約明午中飯，並約奚志全、俞士英。余出席工作會議，研究九九為律師節，滿回蒙改滿維蒙各節，羅志希注云維比回好，回係宗教名，但其他族容有不願戴維者，卒交審查。主席周宏濤病天熱，余介紹檸檬水，飲者稱美，皆乾盃，十一時一刻得散會。余歸寓飯，飯後臥，臥起閱古文。四時後攜王辛寶，為劉八歲，須先經門診再候病室，往雅江街尋錢馨斯不得。遇孫芹池，正覓車往台北車站轉三路，余與同坐三輪，坐三路。余自師範學院下，穿院遇夏煥新，伊住在院中，辦講習會。至雲和街，王豐穀講啟明自虧本至恢復計畫，主人大華紙廠沈君不聞王所保之某

某走失港紙二萬八千,王因之感激,願為之用,再加正中之壓迫,復興之欠自由,故願盡力為之。余勸以時局緊張,購賣力弱,做了一步再進一步。夜飯後自和平東路得三輪車回寓。

8 月 15 日　晴,下午雨

晨狄擎華、周達時來,同到梅龍鎮早點,餘餃八。至錢馨斯家,無人,留王辛寶覆書與同居者,乃攜餃贈鄭明,並約午飯。同擎華至中華書局,候姚志崇久之。余至中心餐廳定座,炳先姓張,師父姓傅。余自中華出,遇謝壽康,同伊飲檸檬水,送上一路車。回寓攜煙、酒赴中心餐廳,奚志全因病未來,邀鄭皓補,皓攜長子朱大鵬來,項蓉亦攜短髮之女來,菜有氣司烤魚為佳。飯後余至俞良濟家,良濟方同裴承藩出飲咖啡,余同俞夫人唱曲為樂。久之良濟回,徐穗蘭來商事,余同良濟訪陳逸凡病腎,呂著青不賭,朱虛白守制,賞朱之養女,活潑聰明極會表演,惟每節索糖,余謂之跡近貪汙。回寓飲啖,約李崇年夫人、王導之夫人,均不來湊腳,九時乃回,惟覺腎臟有異,乃因軼凡病引起之狀。

8 月 16 日　颱風大雨

晨金秉泉來,攜鹹魚、冬菜來,余分與鄭、雷、李、郁,秀武方出購鴨,乃煮冬菜鴨極鮮,向采大樂。余臨日本印書譜一紙,以純狼毫書之極適。余疑有熱度,以體溫表涼之知正常,福生、肇蘧為余槌腰。飯後至郁家,嘉猷方飯。歸寓,朱增平在秦啟文房,余亦略臥啟文對床。三時崑曲同期,僅到夏煥新、盛成之、焦承元、孫再壬、徐炎之、程競英、俞良濟及余八人,余遍唱生旦淨丑之曲,定包子一百六十,餘一百多。五時半唱完天大

雨，諸人不能歸，雇汽車一輛。余在寓飯，留文耀住，文耀慮錦姪，盼仍歸去。夜傳颱風以三時來，大聲掩搖風樹，不易入夢，余惟患癬癢，尚能睡著。

8月17日　風停，雨仍飄灑，下午雨止

夢鄰先生於記念周作報告，自印刷橫行自左至右講起，以及中國曰一萬，外國曰十千，論中西文化之不同。宗教道德觀念不同，西人謂全人類有人主宰，中國則個人克念作聖，法律觀念、□□□□亦不同，故三民主義與世界文化不可謂毫無問題。說畢余坐先生車至梅蔭處，留飯，鹹蛋臭甚，冬菜湯亦美。飯後臥，臥起姚志崇來商，狄擎華款由姚君按址送往。三時至俞家，同李崇年夫婦、良濟夫婦打麻將十六圈，余負十元。夜飯後雷孝實夫婦來唱曲飲酒，十二時返。

8月18日　晴回熱，雨

昨晚已蓋薄被，今晨又熱。尤成（字之道）、錢馨斯、周頌西、錢惠芹皆來訪，後三人皆商借，馨五十、頌一百、芹一萬，皆無以應。芹營拍賣行，近日清淡，借五千或一萬周轉，陰曆新年可還。芹民國二年生，祖父在蘇州鄉下營木行及米行，祖卒，父與徐孟淵經營孟淵旅館，娶倡某為妾，漸欺凌芹母，母投無錫某寺欲削髮為尼，舅與外祖母請歸外家，芹及兄與弟隨妾歸蘇州。芹因有知識，為妾打扭，下體段段青紫，為芹定一農家，父歸則態度稍和緩。一日父亦毆芹，芹曰父如打我，則請一記打死。父為妾毆芹，是次經人勸亦不重。某次余攜弟欲逃往蕩口外家，芹與弟為父遮歸，婢至外祖母前述其事，時母已隨族舅母至北平，舅母張豔幟胡同中母為照料。芹年十三，父、妾商遣往農

家童養作媳，約待年一十七圓房，芹不願，函母北平，母到蘇州
來領，隨與俱北上，捐為妓，自與人合一小房間升上房三間，學
生、軍人相率來上盤子，白崇禧同推牌九，幸白不余認識。後遇
芹池，愛伊南人溫柔，遂委身焉。芹曰余幸早受此中人虐待，以
繁華墮落為不可否，或沉溺其間，難以振拔，以余早知其事。瀝
陳如上，此人亦可佩也。在寅飯，飯後閱書解暑，守至四時後至
鄭家，明請假在家，怡歸時遇雨，在明出購小瓶高粱，鄭嫂患
痧，陸再雲妻以所住遭水災，將遷皓近處，澈直至飯後方回，味
夫婦憂其勞瘁。余飯後至錢家打八圈，探斗及王郁佩芳皆得余金
一元，佩原約藕兮探曰昉，余到而罷，其另一人為王毓琛夫婦。
余過省政府與審計部之間地名中正東路，溝水倒灌，水潦馬路，
歸時復經過，水退盡。

8 月 19 日　晴

余輓陳辭修、正修、勉修母洪八十五云：

母氏聖善，生甫及申，教之誨之，母氏劬勞，惠此中國，不畏強禦；
踴躍用兵，式遏冠虐，周餘黎民，歸哉歸哉，逝者其矍，令聞不已。

晨胡伯孫來，將與蔣堅忍幼女蔣飛郎女士訂婚，囑余書嘉賓
題名綱頁。余同丁溶清梅龍鎮麵，中本存款，張百成派車送歸
後，陸京士來請明晚自由之家為姪伯孫訂婚，請余往宴。伯孫在
大成島為譯員，追蔣女久，不修邊幅，蔣母不知為誰何，亦不打
聽其為誰何，矢言不願。上月終京士乘船環島旅行時，兩家皆得
孫、飛二人赴日月潭因婚姻不遂自殺絕命書，兩家始來往，覺無
不妥，乃洽。余聞之，殊足發笑。京士去，余讀禮記聘儀、射

儀，以迄中飯。天又悶熱，飯後睡，睡起赴士林休息，覺稍涼。
五時歸梅蔭寓，孫夫人攜子在，伯顏來同飯。余先飲白蘭地一盃
覺倦，上次亦飲一杯致倦，不知此瓶酒何以特異也。夜飯後赴姚
夫人處，謝今晨送來香港製袷呢袍、香港定做布鞋二雙、麻紗襪
六雙，各件皆注邱字，係姚夫人所吩咐者，邱梁、何子星、陳蹇
足均在，食西瓜。余候志崇回來乃歸，浴後寫日記，席裕同云明
晨又將有颱風過境。

8 月 20 日　晨有風，下午風大，夜颱風雨

　　晨往業務會議，議至十時，赴殯儀館參加中央黨部公祭陳母
洪，禮堂懸對聯，空氣不流通，孝子、孝眷、執事皆極苦。十一
時繼續開會，臨時工作人員按日計酬改為自十二元至十五元，又
因颱風損失，眾推余往各宿舍一觀。十二時半返，在寓飯，京
士許余臭豆腐干仍未送來，飯後睡二次，覺風涼。四時出尋陳惠
夫，伊新經理中國一周，於發行及印刷所方面致力，冀挽回經濟
頹勢。惠夫語我鄭亦同新歸（住土地學會，信義三段），蕭青萍
赴美。出，參觀萬象文物流通處，內設裝裱室，兼做錦匣。出遇
黃筱堂，愁伊妻子宮病。余至雷家小坐，即到自由之家參加胡伯
孫與蔣飛郎訂婚，錢慕尹為證盟。余見京士聘媳，長者豔而能
慧，次將與吳則中女訂約。飲白蘭地，大菜中間邀余及胡健中演
說。余歸遇朱增平，風雨將作，啟文送伊歸。今日於殯儀館遇羅
志希，語余一笑話，云賈景德與妻同抱病於臨沂街，妻死移殯儀
館，恐景德慟傷增病，乃祕不發喪。有劉敬輿赴賈寓欲面慰賈
公，門人遮之，劉又將棍打人，直衝賈房，賈家人以為喪必無可
祕矣，豈知劉因氣急喘病發，見賈祗說「汝病了」，久之又祗說
「我也病了」，無所陳而去。

8月21日　晴

　　晨錢馨斯來奉余修整之烤綢褲，同余至西門町余昨在望之處，悉婦產科醫院鄧女醫為佳，馨斯又說星期五鄧下午門診，余囑小堂上午去等掛號，下午引伊婦去診。余遇伍士焜，同在大同及第粥，遇珠海大學觀光團，男生十二人，女生四人，伊等已謁總統，同攝影，又往考試院謁校長黃麟書。余遇陸景武，係匡文子，景周係幼剛子，皆梅花村常見者。九時半參加工作會議，余於議件略有修正。十二時張其昀宴韓議長申翼熙兩桌，余在上桌頗說笑。飯後吳鐵城致詞，申君述列聘二十五國，金君日成以英文講演，金大使又述反共俘必需容納之理。二時散，余坐道藩車至俞家，約李崇年夫人及陶君夫婦打十六圈。十一時半回寓，浴後展梁慧義信，約二十五日上午九至十來謁，伊上月有鄭姓友人介紹基隆公共汽車管理所，介紹在會計室任一職，結果又被謝市長介紹的人占了去，伊又想在基隆招商局財務方面任事。又得戴恩沚書，伊妻李曼羅尚未有脈。孔達生來訪二次，未見到。梁寒操、羅香林、張雲均到台，住北投僑園。李樸生再贈香港摺扇，云妮娜飄過，炎威已滅，扇不將見捐乎。

8月22日　晴

　　晨侯佩尹來同粥，購冷油條食之而美。候毛同文久不至，余等上新店車，車頭座風涼，車左山峰流水皆美。上新店堤，佩尹係初游，望碧潭、弔橋皆美。余到陳芙生碧潭小店，得臭蛋，在羅大固家酒飯，紅燒豆腐衣捲肉衣厚捲長，並非一吃無餘。吃了兩碗飯後，大固送至新店，雇三輪車。余過七張木橋，尋得陳石泉所營屋，佔地二百餘坪，在文山後，自李家瓊家往，路似不遠。余參觀一回即上車，經景美而入考試院，到姜異生見異生夫

婦，異生述其女已嫁一有所不為之婿，婚時通知之親朋極少，異
生夫人較前為瘦。出訪黃麟書，不值，問俞康等無人知，乃搭自
木柵來之汽車返台北。車上遇孫昉魯應何敬之邀打球，云每月數
回，此舉敬之先生極當。余至侯佩尹寓臥休，同伊在士林飯，問
飯已盡，食麵一盂，八時返。明日僑三三正副請港來教授茶會，
余已應姜異生招，不能往。得陳以莊紐約來書，為季澤晉自平津
被佔流離失所，頃美政府將容納中國難民二千人，須由台灣政府
具函證明，囑余請中央黨部證明忠黨效國，且反共不遺餘力。以
莊 1949 二月自歐至美，得美府 ECA 之助，攻讀國際公法博士
學位於哥倫比亞大學，去年碩士完成，而 ECA 停止補助，乃開
飯店 Sun Wah Restaurant Corp. 2376, Broadway, New York, 24, N.Y.，
營業尚屬平穩。

8月23日　晴　陰曆七月十四日

　　晨侯佩尹、曹瑞森、邱宣悌來，余為宣悌介紹印刷所，校對
致陳惠夫書。九時毛同文來，同走上木柵車，同文先自溝子口
下，余至木柵，隨史祖恩至街盡頭內政部調查局宿舍。先在藏無
線電機之室小坐，嗣參觀住房，史妻徐，徐鍾珮之姊，今日在鍾
珮處。余訪鍾伯毅，其媳病愈，顏色漸紅。同佩尹訪鄰室監察委
員廣西陳□□。出，自溝沿過鄉公所，入木柵國民學校第二行
房，東頭一間置司法行政部卷，一間門瑣，當係余天民住處，天
民不在，余於壞玻璃窗投一名片，不知能見到否也。余等歸，購
出爐燒餅，食之覺好吃，又購八隻，時已將十二時，乾麵盡爐
空，余讓別人購後，乃掃數取之攜歸。溝子口考試院若攤紙庫之
院屋，剝落難看，今日星期，工匠在廊下補修水瓶，足見福利屬
於公家及公眾者皆無進步，而為賈院長所建之公館靡資三十萬，

賈未曾住過即病。祁大鵬為觀風水，佩尹曰右白虎無回灣，煞氣大重，出向恐亦有誤。余望去，以為右如少去兩間，左角移出與八王府（黃麟書、盧逮曾寺之住房），引直斜線後建樓房，或較佳。異生述屋成狗哭，賈妻死狗便不哭，又云賈屋懸公家用某某室、某某室之牌以為遮掩，又云院長等職非可以謀而得，即得之矣不可以自志得氣滿也。余等十二時後飯，飯後睡，睡後覺悶。余獨持傘尋俞康家，乃在售票處對村紅房旁之白房，夫婦入城，門扃。余至研究分院，門前為公共汽車停處，入門六座對鋁房，第四組正派員曬宣傳品，水在地面當日，如牆腳高二尺或較善。余休於正屋，其旁無小房可宿，亦無廚房。余進後山參觀，見大禮堂正建築中，禮堂再過則為水爐房，爐房再過則為宿舍，再過則正建一鋁房，不知何用。余觀是處原有灣溝，頗應山勢，近購田，於鋁排房另挖一渠似不大自然，余戒先試試，勿遽塞灣溝。飲茶水，味略差，乃回姜寓。何欽翎偕婿攜女來，六時鄭夫婦及郭母女來，乃飯，有冬日所做醃肉及蛋做冰豆腐，菜嫌太多。將畢月光正照大圓，寶鏡正照姜寓，余等辭別。在溝子口得車，過景美上車人益多，余與同文自公館下，入汪紀南家打三圈，余勝，汪夫人、同文皆吃紅。余送同文至毛太太家，余車飛馬路，在盛月之下，極樂。

8 月 24 日　晴

　　晨黃役云昨陸京士家有臭豆腐干、蝦子、醬油送來，余以之佐粥，粥後余攜臭豆腐請鄭嫂燒，格子紡衫褲請鄭明洗。十二時鄭明攜豆腐來，余留伊飲白蘭地一盃。飯時余供臭豆腐干、臭蛋，除盛鑌外無愛食者，余攜回鄭家，於逛龍山寺之後復吃半碗飯，臭豆腐干味正美極。龍山寺今日擺祭桌慶讚中元，約十餘起

僧人在山門作盂蘭勝會，放餂口。祭桌已改為素多於葷，政府提倡節約、南亭法師戒殺生合著效果，其中有祭品於樹枝上做魚鳥，別出心裁，余頗愛觀。聞今夜將熱鬧至十二時，香爐蠟台有古式講究者，夜月色甚麗。

余晨入實踐堂聽希聖時局分析，伊先講俄國有無輕氣彈，答大概是有，威力如何不可知。再問貝列亞案牽連屠殺至幾時，曰三年，三年內排除異己，使內部單純，不會起政變，希聖謂之五毒餘蠱，因此三年內蘇俄不會打大仗，但惡聲必反以表示抵抗力量，如美策動東德叛亂，俄便表演全法罷工、伊朗都德黨政變等。至韓境停戰協定之簽訂乃抓住蘇俄弱點，美得駐兵韓國之公開依據，而用兵極自由，比亞州抄錄北大西洋公約反形便利，於我則可以自己打回去一條道路，因之顯露我之反攻乃與大陸之革命相倚復，如張悛與史浩在宋孝宗朝所辯者事將重演。出，余與同車，伊云台灣缺乏草莽之氣，而破落之象未除。

余至梅蔭處，已為余將破料縫一背心，而舊背心未補，余強之補背心，伊欲購縫紉機，余託方肇衡引其看貨。余在康定路亦參觀一家，地球牌、兄弟牌自七百以下，有數種不同價者。

梁寒操、張雲、羅香林、劉伯明、黃毅芸、黃華表、黃文袞、王裕凱、□□□、□□□、□□□十一人以香港院校教授來台觀光，張曉峯請夜飯在台北賓館，大菜無佳味。後乃演說，大致為教授窮苦，不能如美國孟氏基金貼教授每一鐘點十五港紙，五元亦感祖國溫暖，再不能則助一特別救濟金，每死一教授給卹金一千元亦感仁澤。（一）來投考者八百人，台大可取三十人，師大亦祇此數，則七百餘生無處容身，希設先修班全部容納在台灣，或設班於香港；（二）請招待文藝界電影從業人編教科書；（三）請延攬人才，勿太拘於思想純粹，且考問過去；（四）寒

操述情報、香港防務及英政府態度等等。任泰極質直，張雲真摯，張堯年會說，陳樹渠青年直率，講至十一時始散。明月照園，樹照廣衢，余清坐四小時，如鳥出樊，如馬脫勒，在三輪車上極樂。下次演說飯不想吃矣。

8 月 25 日　晴

　　果夫逝世二周年，余等上觀音山西林寺掃墓，人在車站前集合，上六車，余同汪竹一等同車。過三重埔，走保佑村之道，一半已修柏油路，抵山下，寺道多了兩對神燈。余自泥道上，見墓園種樹太多，謁墓三鞠躬，女在旁答禮，果嫂向余道謝。出，就寺前樹下坐有茶，姚大海、陳雄夫、翁之鏞、劉汝明均遇到。余主在墓近處造屋一間設主，置著作，以為紀念。下坡遇勤老，一僕擁扶上升，向余致謝，余慘然。下搭廣播公司吳道一、羅君車，入凡源飲檸檬水。歸寓待久之，梁慧義來，不飯。余飯後同伊之西門町，擬觀電影，時間不合乃別。余至王家，王太太八月十五日生日五十歲，招余飯，探斗赴高雄見王毓琛太太。後乃歸至鄭家飯，有芋芳絲湯不滑。夜飯後持衣褲返寓，寓中有局宴，余走至交通部設計委員會前，遇劉局長扶拐來寓。余乘十二路訪晏長祐，三間房祇留一間，將遷信義路四段設雜貨鋪。此間一條屋及後房索二萬餘，尚未出售，晏太太赴衡陽街。余至陳伯稼屋與伯稼及其弟妹談：（一）胡展堂先生終於陳晰子觀音山下公園後身之房，不在白蘭花樓；（二）戴季陶先生遺集，伯稼擬先清年譜稿；（三）賈煜如已確知其妻已亡消息，其先經徐永昌、張茲闓之父往說兩次，賈不省，家人告賈老太太在醫院，而某夜賈查人子女悉在家，不在醫院，煜亦起疑；（四）考試院造屋之後，考、銓兩衙之首席參事害病，伯稼則否，工友、職員死者、

病者亦確有之。出至陸家，京士嫂在家，瞿太太攜女在客室，瞿女京士定為長媳，談胡仰高如何生伯孫歷史。十時半乘〇路回家，月色仍麗，在床上閱香港時報及工商日報。

8月26日　晴

李徵慶來，示余開國史事詩龍君改本，並邀作序，余立揮二百餘字應之。孫芹池夫婦來借款，無以應，余贈錢惠芹以墨。許英來，為台北縣已捐千坪七張地，孤兒院不能中止，有笑譏之者，英不能耐。余謂事極艱難，宜中止，伊不能聽也。余昨夜得鍾伯毅五言長詩村居雜詠，余為刪去述及時事之句，編為三首，李徵慶云顯淨些。鍾未晤余，故以詩訊。余午在寓飯，飯後至侯佩尹處休息，頗愁收入短少而開支增加。徐勗繩到余寓囑謀事，亦見迫切。四時余至梅蔭處，已放棄購縫紉機意念，謂年歲半百，何不尋快樂而尋工作，且所居容有變動，縫衣未必得錢耶。夜飯有蛤蠣蒸蛋，蛤蠣有苦味，豆瓣酥、肉圓、小白菜及燒鱸魚。飯後移凳，在中山北路納涼，談沈回銘係網船上子，其祖母囑其母裝小肚所領，松俗夫死後號筒開氣向內吹，謂之小開門，主婦有遺腹，亦有無遺腹而令樂人小開門者，是存心裝小肚。舊時為承繼有此事，今女子能承繼便無此事。九時梅送余過鐵路，余自圓圜回。昨嘉猷在西林寺尋余至十一時，陳家招待秩序未善，余回寓即浴，浴後即睡。

得宋書同獄中書，謂自四十一年十月稽獄中，覆判重輕處斷，茲又向台北地院刑事庭聲請再審，不知能邀准否。又述方宏孝前因債務糾紛亦入月數月。得余天民書，伊在木柵國校另一房間，近患失眠甚劇，兼患心跳怔忡。

8 月 27 日　晴

　　晨至中華書局，與孟益商擬加菜請同仁飯。又至中本，託人寄信及往取包裹印刷品。遇陶君，約下午小牌，趙耀東請吃檸檬水，並告貯酒兩瓶待余往伊寓飲。飯時嚴家淦請台北賓館便餐，託朱文德去說辭不往。飯後行烈日中，至俞家同陶夫婦、朱佩華打十六圈，風涼暢適。夜飯有拌千張、乾燉臭豆腐極好。俞君子發熱，而長女不甚照顧其弟。俞士英、奚志全來訪余，未晤。

8 月 28 日　晴

　　晨眭君來問中央黨部不許黨史會考績報告此案時余知之否，余答知之，未明內容，不敢說。九時工作會議，第一組提加強立法委員黨部大綱：（一）委員十五人，以各委員會及程序委員會召集委員各一人為黨部委員，其人兼黨政關係會議委員；（二）設主任委員及書記長，書記長負院場觀察；（三）設反對意見團，另組小組；（四）設研究委員會。余以為管理太嚴，述立法院尚屬聽話，不必如此，非親愛精誠合作互助之道。唐乃建、張曉峯皆駁斥余，周宏濤最後述齊世英、李郁才如何不聽話云云，加強蓋有所對付。此非以公誠謀政黨政治之邁進一步也，且現日民眾痛苦，司法稅收吏及警察為人民所恨，物價高漲，謀生困難，正宜改進，不此之議，而以加強案加強立法委員精神上之枷鎖，必起反抗，不能反抗必更消沉，非計之得也。以余發言云觀察及反對小組，大體仍然通過，散會已一時二十分。赴沈善琪處飯，晤壯聲奶奶，吃得殊苦。飯後歸，即至覺林蘇松太同鄉會，到四十五人，有周市朱君、上海吳君等來，有饅頭吃。余略述陶希聖時局反析，馮簡述正研究□□□□。四時半散，余冷水浴後即至朱鍾祺處飯，覺疲悶。飯後尋徐向行夫婦，出觀電影未遇。

至陳炳源家託為陳嘉猷尋房。至樓桐孫寓，其子閱書，桐孫禁之，亦不聽話。

8月29日　晴

晨整理墨盒，丁溶清所贈絲線嫌多，余取出一半，手指烏黑。余至強恕中學問周賢頌寓、陶寄維子得入學否，參觀校舍一周，有新造課堂一，可容學生七、八十人，工務局云是違章建築，鈕長耀辯曰一不妨害交通，二不礙四鄰八舍，三不妨礙觀瞻，屋在校內，用途為教育，何為不可。經疏通請局中人繪一圖，送繪圖費，其在警察則請人打電話疏通。余出至徐香行處，同出飲檸檬水，每杯一元，同至大學書店前，擬於書攤補得古文析義第七卷，書攤無有。搭○路回飯，飯後臥至三時半，赴實踐堂總動員月會，余被選為糾察員。討論送禮依照政府規定，有人謂不依照者居多數，擬取消。余謂此係最低標準，有此規定則一張禮牋自送得出去。芮進提集團結婚，余主婚喪不隨便登報、隨便發貼，均交糾察人核議。五時半散會，余同壽賢邀王子弦同入趙耀東家飲白蘭地，二子已會招待人，其女亦好玩，郎嫂得孫已兩月，係郎所所生，余欣嘉致賀。出，至中央日報開監察人會，余主總統勿來管事，廣告費不加，財產應重行估定成確實之財產目錄，環境衛生應講究。余許陳訓畬，謂有冥冥之行。八時席散，余至錢家為陶君挑水代償，陶負，歸已夜深。

8月30日　有颱風將到狀

今日星期，宜興張震寅為立法院民刑商法委員會職員，前以宋述樵介來，詢余大陸淪陷，其母尚未成主，母亡已十餘年，今年值八十冥壽，擬請許世英題主，問余可行否。余曰不必請許

題，可由伊自己擇日跪題。今日又來說其妻已請許，許已允諾，邀余參加及開禮節單，真妄人也，余辭之。梁永章來請余銀翼早點，銀翼樓上茶房欠勤，桌椅零亂，毫無美感，味亦不鮮。出尋張明，在信義路十號黨部對面羅作英寓，明已娶妻，即因此人而被人攻擊，其人尚長大結實。明患傷風，羅慈威病足，余講話發笑一回乃別。入立法院，參加財政、預算兩委員會歡送嚴家淦出國赴國際貨幣基金會議。余略演說，請其注意到民生痛苦，亟宜改弦更張，又請調查美國財務行政人員之生活及與民意機關中人如何聯絡。會畢，有同事來云君乃真讀書人，發言內容與眾不同。會散，又商議應否組織考察團，余謂暑期已不及為之，開議後遇案專題調查，眾已為然，乃散。回寓飯，飯後略臥，為張毅年題崑曲同期一百次圖，余述六月二十一日情景，最後云仇埰之於南京，吳瞿安於北平、蘇州，穆藕初之於上海、重慶，余雖曾參與，無此盛也。寫就之後，攜往貴陽街中信禮堂，今日方英達婦夫作主人，唱賞荷、小宴等曲，排定作主人，輪認至明年新年，吃一元餐廳之麵與八寶飯，毛子水亦在。六時余同朱佩華、朱敷春至俞良濟家打牌十二圈，炎之夫人亦來解悶，炎之亦來飯。半夜散，艱於得車，余叩門始得入寓。有張繼宗來台北投考政工學，因體格關係不取，來寓候余甚久。寓工袁見狀可憐，贈以請客餘贈之饅頭，並向李管理員貸二十元與之，余即還以二十元。

8月31日　路濕有風，夜颱風雨

　　晨走實踐堂聽樓桐蓀紀念周演講，謂台灣農業建設，水電、肥料之外，農人合作組織亦極重要，全世界國民所得印尼為末、中國為末，第二年祇美金二十九元弱，消費均為吃下去而不免飢

餓。散會，同桐孫走至中山堂右全國工業總會，陶桂林為理事長，余與晤談，桐孫任祕書長，留余牛奶麵包，張道藩亦來譚立法院、憲政、黨內訓政各義。飯時回，並無可口之菜，下午臥，臥醒黎子通來為余槌背，云伊三姊已返南京，生二孩，其夫在上海工作。毛同文來贈余何楚揚住址，余送楚揚婚禮（楚揚九月廿六日適陳新材），同出檸檬水，同至公館，同汪紀南家打十二圈，留飯，不計輸贏。十時得回寓，颱風將作。

9 月 1 日　颱風雨

　　颱風續至，聞往福建海面，邱宣悌來，已無住處。余同伊走至記者之家，余意在賀記者節，上三樓未遇一人。余寄書鍾伯毅，寄去為伊改裝之詩。余至立法院報到，籤座得三三五號，得名鑑一冊，借新台幣一百元，仲肇湘亦在借錢。出至郁家，知陳太太赴姚太處，過真善美，遇毛同文，入一小食店，餛飩尚佳。出遇大雨，走至中華書局，樓上尋得劉克寰、陳太太，飲酒一盃。十二時張百成柬邀忠園午飯，實與王孝慈結婚，富綱侯律師宣布二人結婚，證明人蓋印不發言，主婚男家為陳含光先生，來賓呂咸與余等均簽名於冊。孝慈白旗袍，無兜紗，酒三桌翅席，翅及明蝦皆餘一大半，味不佳。吳則中語我吳稚暉師母六月間在上海已卒消息，祕之。二時後送余往錢家，余略臥。四時同王毓琛、探斗、逖先打十六圈，天雨諸人遮留，不往鄭明家飯。局中頗得順牌，余勝，錢石年丈睡而又起，盼余勝利已數次，今日幸不負所望。十時返寓，浴後即睡，天氣潮悶，並不痛快。

9 月 2 日　晴悶熱

　　晨粥好菜壞，小葉為購皮蛋，僅餘之上腭門牙將落，又牽牢微肉，似不願脫者。飯時菜亦平常，炒蛋苦油多，室內極悶熱，極度不輸。邱宣悌無處可依，同伊謁周賢頌，云給工友而檢查需時，宣悌亦不願，余勉勸之。余為訪裕台公司胡秀松、洪軌、建台公司戴丹山，均祇允工人名義，建台橡膠廠用體力，宣悌力不之勝。余往來泉州街二十巷，遭三輪車敲詐。下午朱鍾祺來送利，頗減一分，萬二為五百十元，余六千以三分算，佩尹五分，中監算六分，鍾祺付五百元，余數之僅四百元，鍾祺亦心意欠適，致有此誤，余殊憐之。余出，寄何楚楊美國信，賀伊九月

十二日同陳君結婚。余至中信局送方定一二百元，俾伊入台南工學院，秀武述因算學考壞不見錄，但伊父願伊往台南。余與秀武飲檸檬水，謂足醒倦。余至陳太太處，正為房子發愁，又說姚太太已自香港寄來余新袍，補綻料。同出走中山北路未及民生路，伊赴姚寓作葱油餅，余走至中山橋黃副院長家陪寒操宴，八時開動，吳鐵城、陳逸雲均起勁。十時陪寒操於寶子進寓香港麻將，六番六十四元外加獎金每番五元者，余及寒操皆負。

9月3日　晴雨兼作

晨侯佩尹示余新作月餅文應時，小菜味不醇美。眭同志來商考績應由中央備案覆文。余出至中華書局、啟明書局、中本公司、中央黨部，皆為領息還帳，分錢與人。余至陳瞿梅蔭處，同伊至晏家小坐，晏小姐考取台大法科，有俞康二女來賀。余前日託陸孟益在中華書局加菜請飯團同人，孫再壬、孫伯顏、吳亮言不在飯團，今午邀同往迎春園中飯，五人六十五元，連小高粱一瓶，魚唇梅蔭稱美。在飯館遇張伯雍徒，為索吳縣一瞥，找款五十元付吳亮言。出遇汪紀南等，陪梅蔭購物之後，擬往木柵尋俞康夫人，到西站購票後天大雨，乃退票坐休，回梅寓復熟睡，覺甚適。一月來因賭欠睡，七娘娘設甚瘦。余在雷家飯，為望之題所畫竹，飯後回。

9月4日　晴

晨起未粥，嘉猷來電話，伊夫婦已在車站，余往已失八時所開車。至木柵先購燒餅吃，旋遇徐鍾珮之姊攜子入城，明日送鍾珮之夫赴美國。晏長祐子小金考取木柵農業職業學校，引余往俞康家，則在鍾伯毅再隔壁。余謁鍾老，則知村居雜詠非古體長

詩，是五言絕句十四首，余作為長詩裝配成三首，首十二句，係
誤會其意。伊於詩不能接受，惟感余意誠，款茶漿外又強余飲
法國酒 Suze 一盃。余同俞康及梅蔭至考試院小學，為鐵生先生
離副院長任時所辦，今年擬添屋增班，無經費乃罷。此校需有基
金約十萬方活潑，余擬向志希言之。十一時歸台北，余攜陳果夫
遺著歸寓，復出至立法院領薪水，遇白上之，走至外交部客室，
談伊眼白黃，又傳蔣經國膽石，余謂宜節欲。午應總統台北賓館
評議委員之宴，余食燒餅過多，覺菜無味。余語王亮疇先生昨日
秋祭，僅五院院長陪祭不妥，軍人亦應任陪祭，伊云可增陸海空
三代表。張其昀講明年十一月廿四日為本黨興中會成立六十年紀
念、黃埔軍校三十年紀念，擬有文獻編輯。次總裁問時局意見，
王亮疇答共產黨停戰協定簽字後態度又強硬，眾人無言。錢公來
又講自由不自由一段，乃散。余至俞家邀李、張打牌，張係用直
人，適常州張□□。六時又應張懷老招，不知其房已為淡江英專
統一徵用，正在改造，重至建國北路十五巷十五號。張承樞、俞
叔平夫婦在今日為遷新居，汽車出賣請客，中央銀行廚燒得比忠
園梅心如所雇廚為佳，惟嫌用粉過多。飯後再至俞家，打牌至
十一時乃回。

9 月 5 日　晴

　　晨出尋錢馨斯，奉以微款，在黃曰昉寓得見之，並初見曰昉
女，兩小手搓眼。出購麵包、鹹肉至中和鄉車站，遷在鄉口，赴
仲翔家較前不便。仲翔嫂語我二日晚，仲翔因入城為伊將出國辦
理所保入境者退保，不大順利，歸家不樂，與他發脾氣各節，今
晨仲翔入城。余在黃家飯，飯後臥至三時半方起。出得三輪車赴
溪洲，改乘五路至東站，改乘七路至錢家，遂先讓余打牌。飯後

陶君覺心跳，換郁佩芳，余覺倦，換還逖先。余同羽霄西門町蓬萊閣下吃冰咖啡，十時方回，黃芯芯與雷寶華女皆長大了些。

9月6日　晴　星期

余未起床，周亞濤叩門，謂三時在大直伊所搭房，為憲兵保密局中人、廣東人等兇毆指為匪諜，欲逮捕做他，伊赴水逃，幾潦死，為王阿港船救起，衣服濕，鼻管生痛。伊前開某布店吉卜，力弱搬不動許多布辭職，乃開青年服務隊吉卜，車壞無可修，乃再辭。所住為大直陸軍大學近處，伊搭一屋，略侵及廣東人開小吃館者之地，其人不願，亞陶已覓得植物園屋物資局開車，昨午本擬他遷矣，以不得車而中止。伊寓旁皆退伍軍人窮環境，見亞陶家有電風扇、收音機，以為怪。捉伊時無拘票，有謝隊長不肯，兇徒謂打斷他一根骨，看他能開車否，又呼喊人中似有中央黨部潘管理員在內。余同亞陶赴車站憲兵分隊，打聽得黃珍吾司令官住新生南路一段165巷37號，余即往黃家晤黃夫人，請司令官調查，勿任栽誣。送阿陶至武昌街黃皮膚三樓伊兄執役處休息，陶赤手，衣服盡濕，可憫也。王阿港船在士林鎮後港里三號，救人後索豬腳麵線、金紙、炮仔以酬，臺灣俗例也，余令亞陶遵辦。亞陶上寧樓時，曹瑞森為余開箱檢衣，夾入樟腦片。侯佩尹為余覆大悲書，謂留法比瑞同學會內政部覆文准設立，請大悲來主持開會。黃廉卿來，謂將調基隆水產學校。歸時余拉陸孟益請余點心世界，拌餛飩、三鮮煎餅、蝦腰麵皆不鮮，陳惠民在堂照應，謂油泡塞肉尚可下飯。余過萬象，購花信牋十張，乃回寓飯，有臭鹹蛋。飯後臥，臥起到俞良濟家同莊、王打牌，十時即罷，夜飯時有豆腐肉西洋菜甚佳，余飲酒兩盃，夜飯奚志全、俞士英到俞家晤余。

9 月 7 日　微雨陰

　　晨吳成衣來，謂房屋加高，求鐵路局允可蓋印。余至中山堂，聽唐縱紀念周報告黨籍總檢查。出理髮，理髮已到中華書局，中本飲茶，張百成、黃孝慈前來謝步，余亦往謝。見唐嗣堯新印明拓半截碑。回寓時搭翁之鏞車，之鏞今日於新生報發表農村金融之逆流，謂近日生產資金之所謂缺乏，並不完全由於通貨量之短絀，大半由於資金周轉的阻滯，其基本原因乃在貨幣功能的故意不使發揮，與信用授受機構的銀行功用橫遭剝奪之故。解決此項困難，長期信用的金融機構不該由代理發行的銀行兼攝，如果信用授受的銀行功用而被尊重，使其負起季節性調劑與行業間吞吐的任務而善維其調節的彈力，則所有困難不難迎刃而解。余歸閱情報，飯時孫仁來哭其母李華修六月十九日上午十一時卒於沙頭。飯後徐香英囑為其女戴天禾入強恕作保，今日為陰曆七月三十日香英生日，邀夜膳，余謝不往。梁慧義來，同出尋電影，無時間適合者，乃入白熊吃香草冰淇淋。送伊至和平西路三段，伊住二段 70 巷，尋徐恩曾姪女。余至鄭家休息，至晚飯後方出。至郁家辭梅蔭星期三飯，梅蔭方出禮拜。余至向采家，岳、蘅、禮、定一均在，向采贈余石油公司結晶人造石做成印章狀者兩塊，攜之歸。蘭友等在樓下開小組會議，蘭友司機□□□上樓，勸余一人在外無人照應，諸事珍攝。

9 月 8 日　陰雨

　　晨侯佩尹來，為請張雲事，中心診所菜好而有吃客肚瀉，張雲有戒心，乃改和平東路一段四十一巷一號電力公司福利社。九時余至中山堂，立法院第十二會期首次會。討論社教工作人員之任用由教育部定之，侯紹文等主以法律定之，余主不改。余意

此種立法盡可讓主管機關立作權衡，不至於荒唐異樣，立法院不
必拉此種工作。附議余者祇七票，不成立，王蘧圃曾舉手。十一
時半返寓，下午復往小坐。五時曾到梅蔭處，伊為余縫背心。六
時乘十七路在西門町下，至鄭家飯，鹹魚極鮮。飯後至錢家，同
王、王、錢打十六圈，天雨，住王敦美房。

9月9日　晴

　　晨來亢雞鳴於床頭，辨明即起，走建國北路，蒼天以灰為
堨，水墨雲充滿四面，行至立法院宿舍，望文山一帶有雲桁開出
一線，桁間填以赭石，始能逼出山形，此乃市之正西也。余至李
向采家，同秀武食粥、燒餅、油條、拌豆腐，秀武述趙太太為人
甚佳。余歸覺倦，略偃臥，始暢快。飯後余至梅蔭處，謂將歡迎
諾蘭。五時至中央黨部，交睦雲章以文件。入台北賓館，歡迎美
參議員諾蘭，諾蘭有演說，希望以強堅意志團結返共。余歸梅蔭
處飯，分鹹魚與姚家、郁家，飯後回俞寓，同雷孝寔吹笛飲酒，
十時乃回。

9月10日　雨晴

　　晨侯佩尹為料理請客奔走張子春與各同學間，極為辛苦。余
於九時在立法委員黨部，討論加強黨部辦法。十時商務書館業務
計畫首次會議，整理工具書、兒童讀物，調查香港工廠、商店及
上海局況，有存金在，美金各若干，議作復興本館之用。余主
購一屋儲樣書，延攬人才，王洸主開發海外營業，陳百年先生在
座討論，興趣極濃。十二時半雨中，同王導之坐車至和平東路
四十一巷一號台電食堂，職員方飯，有一會客室，余坐待。商文
立、劉戀初、崔載揚、張申、張雲、黃華表、侯佩尹同來，上席

後劉大悲始來，共九人，菜味尚佳，盡白蘭地四分之三，餘者佩尹將以贈朱佩蘭，今日菜佩蘭所定也。飯後曾往對面冷飲店，食西瓜方散。余至雷家，同朱斅春夫婦、雷陸望之、俞程競英打二十圈，余負四十五元，人手配合還好，惟沙窗氣悶，不及俞家暢快。狄受和來訪。

9月11日　雨陰，偶然晴朗

晨擎華、榮之暨溧陽人秦□□來訪。余赴院會，贊成林棟、趙家焯所提公務員任用今後仍得用簽署之修正案。即赴錢家，商送郁佩芳生日禮二百元，十嚴丈以為百元亦可，余望伊氣量改大，終成虛話。朱虛白在伊家，留蝦仁餛飩，錢太太亦留飯，余均辭謝。歸飯，秦啟文添皮蛋一碟，飯後睡至二時半。三時半院會，聽高廷梓關於委員會不提案之意見。入中央黨部開糾察小組，召集人周天固，通過婚喪簡約。六時同羅志希商總理紀念館開幕事，伊約明晨往觀，並央余注意布置。談畢至朱家飯，鍾祺之子有高熱，飯後談養狗。余至王導之家，為書「世界海港誌」五字。至金山街一巷十二號吳家，替羅剛妹打牌，崑山人吳保容夫婦、薛君、住中和鄉之趙處長夫婦均在。主人吳君以線懸金戒子在手心之上，謂可測驗懷孕者是男是女，男則轉圈，女則停。十時過顧儉德家，其夫人方悶汗傷風，商朱人德將出院，而醫藥費無法籌得。

9月12日　晴

晨候羅志希來，同往國父紀念館視察。陳列館已造成，簷板紅色，志希不以為然，余主改漆與牆同色，餘場地及國父曾住之處尚未整理。回黨部商批借條，徐忍茹困難，余與張其昀商補助

一千元。聞蔣夫人允任婦女委員會主任委員，周洪濤擬為布置辦公室於樓下文書科，文書科遷於黨史會，黨史會遷於紀律委員會、婦女會，志希不願遷。余以台中人事已有問題，若中央接洽再成問題，會務更難董理，主允遷，惟索一室安頓什物。現遷之處煙灰陽曬，房小環境欠靜，均不如原地方，但際此危時，何必爭此耶。周宏濤等之辦公室過於講究，老同志當家時決不如此，只要爭為黨辦事，何必論哉。午回飯，飯後同兩王太、張藕兮打牌，羽霄來感向隅，逡先亦未打牌，陪余至夜深。馨斯在機上縫衣，探斗出差嘉義，余曾感覺不快。

狄逢辰族姑壻陶先生之妹適北平姚氏，昨送來秋色圖及菊花兩幀，余為題菊云「風霜勵節抱微香」，今日其孫來取去。匆促間余書抱字為覺字，文義稍遜，但款式尚好。

9月13日　雨

晨候人來同出食點，久之始有陳石泉夫人同伊長子來。本月四日石泉曾冒出血，在村上臥休，石泉夫人勸余攉吳鐵城為石泉謀事。余等同上梅龍鎮，堂間座空，酵肉過鹹，麵味平常，包子待候甚久。與對面廣東館大同相較，茶客滿座尚有立候者，江蘇館遠不能及，一朝關閉，則數十家生活堪虞，但營業方式確宜研究改進也。余歸，送米、鹽、油往李向采處，秀昨夜打牌輸錢而欠睡，岳、衡之外有楊鑑資、楊滔二客。鑑資示余七月初八日伊父忌辰所集元遺山詩七律四首，又講李漁叔醜事，向曾今可惜錢不得，則曰曾詩不佳，曾曰余詩誠不佳，然李漁叔所謂不佳決不是詩。許君武妻致張默君書，張氣苦下淚，而其攘奪函授學校計畫亦出於李。余在向采桌上寫書譜四頁。飯時有魚而煮法不佳，以滷豆腐干為第一，楊滔君自幼與肇衡說笑，故頗歡樂。飯後雨

甚，余午睡，余左足背一筋微脹，岳、衡為搥稍舒，不知何病。
歸途下廳已準備崑曲同期，施文耀留字借雨傘往台北醫院眼科休
息，又云錦帆來時均不能晤及，今日天雨恐不能來。余下樓應錢
卓茲邀崑曲同期，三時半後炎之及其女來，朱佩華、陳永福到皆
早，錢咏荷、莫衡夫人皆至。未開唱余即離，至王道之家同吳、
羅打牌，飯時有臭豆腐、豆腐衣湯、燻魚，皆味可。回家已十二
時，浴身後睡。

9 月 14 日　雨

晨羅志希實踐堂紀念周報告，講考試不是產生文學侍從之
臣，而是為國家建設之需要，文字宜循進化最適者存之原理，將
簡體字標準化。出，同俞飛鴻探吳稚暉，晤時拱謝，坐未久又拱
謝，蓋不耐客在旁久坐。余出至梅蔭處，歸飯至佩尹處，天雨，
飲白蘭地、紅茶，余得暢睡。至鄭家飯，又睡至八時三十分，明
歸余乃返寓。俞士英、奚志全來為余按摩，余辭，志全呼余為乾
爹。夜蓋厚被。

9 月 15 日　晴

院會三讀任用法案，十時三十分畢，散會。余至中本公司，
張百成方應付新聞天地合訂本兩冊四百元。百成自晨至暮，應付
借錢、薦事、招攬廣告、售書、售書畫作為日課，不敬恭將事，
罵譏隨至全允，公司無此財力，乃以小杖則受，大杖則覆以請示
拖延。同余飲檸檬水之後，余至俞家飯，飯同朱虛白、佩華、良
濟夫婦打牌至八時，余獨贏。八時半余至鐵路局禮堂參加中央日
報工人晚會，觀黑風帕，又見一肥女飾伍雲昭，乃返。

9月16日　碧潭盛晴

晨候黃仲翔來，陳嘉猷來約赴新店，仲翔到時同伊到中華書局，候姚、陳兩太太赴西站。志崇購票，余購肉二塊，一贈陳芙生，芙生又贈臭鹹蛋，一贈羅太固，太固入市為人講話。余等先觀大固對面屋，佔地風景甚勝，屋亦小巧，有草屋，現為看門人住者，可翻造為客座，價約兩萬五。又至永業新村，遇北大同學孔君，在達新化工廠，是處籬笆內有四屋檜木地板，有井較空之屋較暗。再過橋至新店，衡權住宅右鄰則為台式房一條龍，月租兩百元。看房畢，姚夫婦及梅蔭歸，余同仲翔至羅太太家飯，有蔥燒鯽魚。飯後徐老太太、周太太同打十六圈，六時散，余負。在橋畔得汽車返，入中華書局飯，有鹹雞及百葉蒸肉，飲高粱酒一盃，飯後談天一回乃歸，天雨。交通同學請李松泉來舉行同樂會。得擎華書，受和赴彰化純慶處，榮芝往大溪中學代課一月，韋太太允同余做布鞋。

9月17日　晴

晨凌銘來，出示乙種三副考試及格證書，書上註明該員嫻習台灣沿海線地形，此乃謂不悉遠洋航線也，銘願再入基隆海事專科。同余入公園旁三六九點心，麵湯不鮮，余不想吃，關照主人。出至孟益處，譚張平購得金華街237號房，尚未遷入。余至中本，託張百成存中華紗廠二千元，月可得四分息，俞良濟如放五萬則三分五，余以電話關照良濟。余歸閱暢流，陳定山、許師慎、張目寒曾游太魯閣，淺入過弔橋而已。飯後略臥，張藕兮來電話屬借錢，余封贈六百元。在錢家打二十圈，無輸贏，十一時與馨斯同車返。

黨部文物供應社擬印丁惟汾（鼎丞）先生所著毛詩韻聿、

俚語、證古、毛詩解故、方言今釋、爾雅今釋，約五十萬言。

9 月 18 日　晴

晨往立法院簽名之後，即往中央黨部出席工作會議，主張印丁先生書撥五萬元。再至立法院，已散會，乃自中本電話往俞家飯。飯後同俞夫婦及朱虛白打牌竟夜，余於十二時後心跳不已不能控制，中間吃古古茶、飲威士忌加強體力，無補於視力，余敗。

9 月 19 日　晴

天既明矣，再繼續八圈，余益不支，各人皮膚顏色立變乾紫，早粥計小姐製麵極鮮。同良濟出，入中本對面浴堂浴，擦背、捏腳、修腳、敲槌，為余入台後首次。良濟臥房間床至酣，余震於敲腿聲，不能合眼，閱虛白為新聞處長所沒收之劉雲若冰弦彈月，更不能睡。以下午一時入迎春園飯，良濟家廚精，余二人均熬夜，益覺無味。飯後尋三輪車夫，遇朱佩華與徐炎之夫婦，同入美都麗觀小鳳仙影片，中國影片公司貧乏，單是小鳳仙跳演，無松坡逃走及雲南起義等情節，但亦滑稽耐看。散場，良濟送余返寓，余臥，同錦帆姪女談心。明外孫吃月餅、花旗橘子，小便後自知放小便罐於余床下，下草坪弄泥，依其父膝，不知其父抱病，殊悶人。余至寓飯，復同錦姪休於前庭，觀小明赤足走路，坐於三輪車上，極活潑，惟身瘦耳。錦等歸，余即入睡。

9 月 20 日　晴，晚微雨　星期

晨溧陽秦君同其子及王森林來，森林將於中秋下午與曾昭倬

訂婚。侯佩尹來商稿，曹瑞森來理書，張平來贈邏國所購巴西餅乾。余同佩尹出食煨麵，至徐復人家贈伊女餅乾。訪陳紀瀅未遇，至商文立家飯，打小牌八圈。出訪樓桐蓀，值伊夫婦出門赴大世界觀電影。至憲英家小坐，路遇汪慶，同飲檸檬水。至趙耀東家飲酒，值耀東午醉體倦，郎瑛夜宴方出。余至錢家打牌，忘了新生社觀劇。

9月21日　晴

晨始於紀念周與動員月會合併舉行，于先生、陳誠均到，沈昌煥主席。討論慶弔簡約，尚未充分，發言而已，覺不甚端重。芮晉與鄭彥棻心跡未釋。余幸未任糾察小組召集人，否則需上台報告。會散，余至陸孟益處還暫借款，俞良濟家還賭欠兩百元，十八、九日夜俞家為余所費幾一百六十餘元，開支極巨。余至蘭伯處乞其轉毛震球信，知朱人德傷口得收，希住過本年。歸途經中央黨部，張壽賢正為公教人員薪水不調整，而進口貨加防衛捐百分之二十，上書張曉峯。余歸飯，飯後閱劉雲若冰弦彈月，余所知委巷瑣屑，描寫過細。六時攜酒赴鄭家飯，有髮菜湯甚美。鄭明願加班七十天，以補產後請假之日數，鄭澈有裝麵粉機之家來延請。飯後余攜鄭怡至空軍新生社，觀平劇探親家、盜庫、龍鳳呈祥，搭配齊全，齊如山丈在座，歎為在台灣見此已屬難得。同歡劇者陳定山、李濟、羅志希、徐永昌。

9月22日　小型颱風雨，逾午而晴

晨佩尹來取煤油與月餅，同出購花旗橘子送吳稚暉先生。血壓110，照片照出腎囊中小石塊無數，一朝塞住，小便不通，醫主開刀，又虞心弱。佩尹謂甲木畏金，先生病九月可減，與余乙

木相合，故講得來。余歸，有二事不歡，一趙君又來送月餅，二陳君來爭選舉票。守至午，赴姚志崇中華書局午飯，冉鵬同桌，飯後歸閱冰弦彈月。六時至錦江，為溧陽王森林與餘干曾昭倬訂婚作證明，李中襄夫婦及柳藩國亦演說，王、曾係中正大學同學。八時賀王郁佩芳五十，留飯後打牌八圈，睡王敦美床。

9 月 23 日　晴雨

晨丁溶清來，云伊姊已遷同安街七十二號四號。狄擎華來送月餅，余另贈伊二匣，共為四匣，請伊攜回農校。余閱冰弦彈月四冊竟，結局草率。三時雨中至梅蔭處睡，六時飯，有蟹肉白菜。七時至公園弈園參加三區月光會，余略演說，朱、趙講滑稽一小時，夏煥新攜笛，無人唱曲，月光曾於濕雲開時略為露面，余走回寓中。晨韋君夫婦來贈鞋，妻陳氏錫坤之姪女，神經微微敏感。擎華有工人將自香港返上海，余書一便條詢施家及弟、姪各況，余書至「余每念姊，淚落痛楚」，流淚嗚邑久之。

9 月 24 日　陰，晚晴

晨立法院黨部預選財政委員會召集委員，余舉劉全忠，全忠與曲直生未能當選，當選者侯庭督、閻孟華、陳桂清三人。下午立法院選舉，余舉陳桂清、侯庭督為受訓者，周宏濤曾勸余舉侯，今為首選，足見移北方同志擁入財政及此番選舉皆有人主之。余至中央黨部參加業務會議，討論四十三年度工作方針，余主常委等先審定題目，再由各組會擬條目，討論情形甚佳。午時散，歸飯，飯後睡。睡起在冷攤得台灣人蘇生煌著漢藥研究錄，至雷家閱之，並閱化度寺、南畫大觀、龔半千課徒山水橋及竹譜等，甚適。在雷家打小牌，有黃慧嫻為諾達爾夫人，住杭州南路

二段十五號，有王敏慶夫人，有朱敉春夫人，飯時有魚頭、獅子
頭。飯後回寓，俞士英夫婦、孫靖同嚴小姐、韋君攜溧陽人程鵬
翹，將赴高雄第二中學教書。程錫珊新自香港來，住基隆，錫珊
云紀年昇將自香港來。余贈孫西瓜，坐草坪，明月升，樹頂明
亮，為前、昨所不及，余及客皆樂。

9月25日　晴

　　晨工作會議，谷鳳翔報告經濟委員會召集委員馬潤祥初已當
選，院選時為趙祖詒奪去，其中有四票為本黨黨員投趙票。余謂
李公權列段焯上，李得本黨票更多，本黨似無不許投友黨票之
禁，此事查查而已，更改院中選舉勢所不可。余謂今晨得通知，
奉總裁諭設錄音機，院中先已通告設置錄音機，眾已喻其意，何
必再奉總裁諭耶。院眾情緒欠佳，有問余錄音機是否從刑警總隊
移來，有問行政院及大法官會議亦設置錄音機否。余請中央對五
院、地方作平衡注意。余隨取韓境歸俘準備會出席之人，皆其下
屬代表出席，余謂在甲院則可代表出席，在乙院則錄音以資稽
考，偏頗之意顯然。余舉葉楚傖夫人云補破衣需用舊材料，如以
新材料補破處，則破處又破，別處亦破，故請平衡注意，對立法
院相當注意，勿太興奮也。谷隨答立法院關係尤切，不得不直接
注意，云余至立法院，正討論國民大會補代表趙祖詒，全部贊
成，夏濤聲別有意見，余歸披黨部通知不得違反本黨議決，不得
規避表決，殊兇險也。下午二時至記者之家蘇松太月會，毛菊生
率震球先至，吳保容、郁元英亦至。張伯平報告暹羅僑情政情，
陶希聖分析貝利亞逃出與否或必係蘇俄內部破裂，將影響中共而
有助於反攻。五時半散。七時在朱鍾祺處飯，兩樣肉、兩樣蝦
仁。飯畢至王導之家，談中西風俗，月上師範學院圖書館頂乃

回，為說起程鵬翹致伍士焜書。午瞿梅蔭來商擬借潘廉方和平西路二段六十一號房。

9月26日　晴

晨曾至中華書局，講陶希聖對蘇俄內情研究有素。下午三時美而廉留法同學籌備會，徐廷瑚主席，余任書記，擬十月十八日在台糖禮堂開成立會，飲咖啡兩盃。五時至中央黨部，聽陳建中、方治、倪文亞宣慰團自韓國莫沙府回，云有一萬五歸俘，三月後將來台灣，先來者五十人，許多人文身示反對共匪，其地形在共匪包圍圈中，真是忠勇。六時何芝園為楚揚婚治酒三陽春，到許世英、毛人鳳、陶一珊、毛子水，吃魚之後，余同汪紀南夫婦回公館，在紀南寓與子水抹牌。鄰居為軍隊之參謀長，與南部防守副參謀長為請派車接某瘋婦，在電話中論參謀長不管家務，結果仍派車，以免小事起誤會，容與大局不利。余多之，其人亦喜。夜十二時於月光中坐車回秀武處，秀武讓，同方定一睡榻榻米，天寒，秀武床及定一臥墊，墊、蓋皆不夠，余憐之。

9月27日　晴

晨五時起，所謂睡者略合眼而已。書輓葛肇煌九言云：

西關相識西門町相遇，豪氣傾座願與賊樺拒；
數月不見忽傳君病死，魂兮歸來指先攻何處。

余識葛大哥以鍾斌為介，葛來台北，余相遇於新亞酒家，向采留伊飯，余作陪。今日在十普寺開弔，余遇劉汝明、程天放、李大超等，十普寺大殿左首已接出一廳，後園房在整治中。葛大

哥死於香港附近某小島，共產黨與葛死對頭，香港英政府亦驅逐葛，此間亦責葛工作不力，葛蓋氣憤而死。出，余至同安街七十二巷四號探丁小姐，識其所生女，房間尚寬而寒儉可憫，旁鄰即陳炳源家，其弟溶清亦在。余出，坐車至錢家，秦、李為王郁夫人補席，中飯以貴妃雞為佳，打牌。余以四時至一女中參加崑曲同期，晤張伯平，伯平夫人如舊貌。余略食點即歸錢家，吃餃子稀飯，十嚴丈謂冬瓜作餡，較軟有湯。十時半同秦啟文同乘六路歸，公共汽車延展開駛時間至十二點半。啟文語我錢探斗上了侯家源船，將任交通處顧問。

9 月 28 日　晴

孔子誕辰始改於今日舉行，晨九時入介壽堂，與馬壽華說笑。張其昀講有教無類與天下為公、選賢與能，謂西洋民主政治之所淵源，論語及大學、中庸拉丁文譯本在 1689 年（康熙二十六年）在巴黎出版，中國全誌耶穌會教士杜赫德 Du Halde 1735（雍正十二年）在巴黎出版，至服爾泰 Voltaire 1694-1778 以孔子學說為推倒中世紀以來封建社會與貴族政治的武器，英國約翰生 Johnson 贊美中國以學統政云云。講畢，余搭于先生車至金山街一巷十二號吳保衡家，同王洸夫人及羅警華打三十二圈，原意四時至植物園一游，眾不願，余又主減半算賬，眾亦不允，十二時方回。朱小姐尚未回去，陶站長來，均在啟文房高論。

9 月 29 日　陰，夜雨

晨下麵而余在樓上未知，為方定一介紹邵佐新、姚頌馨、潘公弼、謝鑄、陳半求，招定一吃飯，以工專火食極壞。為張伯平女冷淵致書鄧傳楷，求分發入初中。為徐培作書至蕭同茲處，求

中華毛紡織廠職務。洪叔言書約昨晚請余陪貴賓，余不之知未往，作書道謝。早晨忙於寫信，至台糖公司，為留法比瑞同學定十月十八日下午禮堂，知楊繼曾返國，述中國糖與古巴糖同裝至倫敦，中糖品質較佳而包裝較好，一船貨只須一、二人補麻袋，古巴袋須四、五十人補袋。糖業會議成功，明年供出六十萬噸，古巴將貸我國以資金。歸寓，進牛奶、燒餅，飯後睡。劉孟劬來送茶葉，余答以德甫所送掬水軒餅干。朱學參來，余贈以月餅及糖，中國所造洋鐵罐螞蟻亦能侵入，可惡之至。三時半至鄭家，同味經繞老松小學估衣攤一周，市府為整飾市容，棚修整油漆，每棚門燈一盞，油漆新招牌不在沿馬路而為，棚巷處亦復如此。又生意不因市容振刷而增加，破衣不值錢，購者更不多，設攤者苦之。回寓睡鄭明床，康為搥胸背，澈已任中華造漆公司職員，今日始五時之後往某麵粉廠為裝機器之顧問。明、怡加班，在明不回寓飯，飯時祇五人。飯後天雨，雇三輪車返寓，施外甥上樓取月餅，給一個索二，謂媽媽吃，頗好笑。余浴後上床睡，中央信託局趙經理聚鈺、朱副經理棣章來，請確定軍人保險仍交該局人壽保險處辦理，謂運用資金常向優利方面做，已達一千四百餘萬元。趙、朱下樓，俞士英夫婦來為搥捏，促余倦睡，二人為余下帳滅燈，余便熟睡。俞家將自廈門街遷延平北路。

9月30日　晴

　　晨起身，賞霧在樹間，有李治風上樓，持史祖熬信，為傅國治求張少武證明曾任國家總動員會議自貢市經濟檢查隊工作，先已有熊東皋、趙國熙之證明矣，其實不必再證明，余仍為作書致張少武。侯佩尹同進粥，有臭蛋佐餐，近日粥內已不加蘇打，較為好吃。同佩尹出訪謝次彭，次彭住一人家，似為譚澤闓之姪

女家，余正賞鑑組安先生及澤闓所書條幅，女主人睡衣就客廳一角啜粥，余等引退，不知其為誰何。佩尹得次彭所繪竹，將以寄鄭夢禪。出，走龍安小學而南，有兵工新屋，泥淖不易行，回頭仍走新生南路而至溫州街蔣碧微寓，女傭在蔣家二十年者款余煙茶，言徐悲鴻死北平在九月二十六日，昨碧微於報端得悉，今在中心診所，余等往 610 號，碧微正抽胃液。余云悲鴻在日，余請碧念壞處，今已死，連好處都不必念他，其人不但於國為叛逆，於碧微、於黨亦為叛逆。碧曰余頗憐之，不與余乖離，或不病、不作逆，或不至於今日死也。余同佩尹入雷家，望之出大麯，各飲兩盃。佩尹善忘，出次彭寓忘毛衣，出雷宅忘謝次彭所繪竹。余邀孫再壬，同在松鶴樓飯，飯後西瓜大王西瓜。回寓知張曉峯招飯，至台北賓館，方飯罷，商總統囑撰軍歌，地理、人口、民族、歷史皆應包舉，曉峯要求齊如山、黃少谷、張道藩、羅志希與余皆請作軍歌，並謂余文字優美，何不作歌，余請擇日一聽現有之軍歌。余返梅蔭處臥休，閱今古奇觀。四時訪凌同甫夫人，不在家。歸至秀武處別方定一，向、秀、衡、定方出赴台灣觀電影。余回梅家飯，梅方同姚太太出觀房，梅因房頭痛，郁建新亦頭痛，郁二妻怕擠在三層樓，郁家低層已興木工。飯時兩家合坐，梅製魚肚糟魚，余攜糟魚回，謂中山北路之飯緣將滿。余攜建新所贈老人香皂及梅所贈方格布背心及所補夏布背心及姚太太贈衣之零頭歸，頗有結賬之意。今晨走台北樓前，為零售車橫木撞傷小腿骨，望之夫人給紅藥水。又在三路車見 590 號車掌目秀睫毛長，謂將訪之使相識，梅蔭笑曰慎勿造因也。

雜錄

周雞辰，舊士林洲尾路十八號山齋。

狄受和，彰化中寮糖廠狄純慶轉，彰化中華路富貴巷底一之二號。

徐漢豪，溫州街 48 巷一號。

狄德甫，妻杜劍雲，信義路三段二十五號，電話二八三六六。

張百成，仁愛路二段十五巷十五號，杭州南路一段金龍浴室過去
　　　巷內。

鈕惕生先生，Mr. Y. E. New, 11 Circle Lane Norwood, PA., U.S.A.。

吳叔薇，Mr. S. R. Woo, Apt L. 499 West End Ave., New York 24,
　　　N.Y., U.S.A。

張毓中，士林福林路 362 巷 14 號，電話 23732、23733，接士林
　　　總機接張組長公館。

程鵬翹（蓬樵），中國公學文學士，高雄第二中學教員。

侯佩尹，士林福林路信忠里 174 號。

張懷九先生，建國北路十五巷十五號。

陳果夫夫人，台北青田街七巷五號。

何欽翼（楚揚），Miss Catherine M. Ho, Basement Apartment 526 W.
　　　　112 Street, New York 25, N.Y., U.S.A.。

史祖鰲，高雄鼓山一路婦女習藝所。

留香港北大同學會，九龍上海街七十號樓下。崔龍文、譚日巽、
　　　　　丘昭文、朱如濡、陳卓然。

蕭德宣，基隆正濱里海事專修學校理科教員。台北市許昌街十九號
　　　青年會。

戴恩沚，高雄南華路 170 號二樓。

項蓉，南區土城里土城六十六號。

金秉全，台中縣豐原鎮豐中路 302 號。

余天民，台北縣木柵國校內司法行政部辦事處。六月十二日遷往。

謝壽康，和平東路二段十八巷五號陳公館。

張淞生，美國新聞處。

吳瑞生，金山街十二巷之八。

10月1日　雨

　　晨黃君請往銀翼煨雞麵，味尚佳，余攜酵肉歸贈袁工，袁為工友中之瘦者。入立法院財政委員會例會，余曾詢防衛捐歷年收支數，余又主雜糧應如米穀減免，減營業稅為千分之三，否則亦請稍減，以適合政府因米穀不敷令人吃雜糧之令。會場有主豆、麥為富人消費，祇免貧民食物蕃薯纖者，政府方面則怕民生工業紛起要求，同時雜糧業往往兼營雜業，無法分清云云。次討論土地債券應否課徵戶稅，多數主張應免，原為雲林縣民請求釋示，議案可以成立。余退出會場，往觀鄭曼青書畫展，余評曰肖物含意，繁簡俱宜，與年俱進，微嫌筆重，曼青如以氣載重，厚而能載，當屬無病。又問何幅嫌重，余主烏月一幀，謂真畫得壞，曼青大笑。程滄波亦在，謂字寫得好，余曰字不嫌重也。回寓飯吃糟魚，味美。下午睡，睡至三時至國防財政委員會，討論軍人保險條例。五時許至中央黨部，與胡希汾及齊魯公司祕書論畢天德案，祕書曾問老職員畢天德容有罪過，但非如審查小組所組織之罪過。余至俞良濟家，夫婦不在。余歸逗明外孫吃釋迦，明不樂吃，手捧肉鬆一罐下樓，又開電燈，又歸去能說公公給肉鬆阿明吃，在余面前尚一聲不作也。七時余抱金瓶梅還袁企止，企止招飲，包書時缺一冊，遂中止。企止請李士偉、鄭曼青、孔達生飲白蘭地二瓶後，企止夫人出勸酒，又飲大半瓶，菜以羊肉豆腐為佳。天適大雨，拚飲極歡，中央日報編輯□君送余回寓。

10月2日　雨

　　院會余富庠報告經費稽核情形，增交通費及宿舍費在多眾想象中，院長說明困難，謂當於合法中設體卹同人之法，眾無間言。劉健羣任院長紛起質詢之狀，已改成眾人放心之狀，立法院

為稍進於道矣。十一時至樓桐孫家，樓夫人愁雄雄不甚讀書，課子極嚴，余解釋一番。十二時至廈門街 104 巷底方冀達 28496 家飲高粱酒，方與遂寧王純碧同住屋名碧廬，菖蒲鄰水，窗外為堤，頗有雅趣。飯後余至俞良濟家打麻將十圈，七時至中正西路十號陶一珊家，觀伊所藏明清人尺牘，黃道周、倪元璐、董其昌、狄億、黎簡，狄億者十餘紙皆嫩弱，不如寫給我家豈凡公者佳，同座為毛子水、丁似庵。余於飯後赴空軍新生社觀劇，哈元章賣馬售鐧，秦瓊呼賣鐧，丑說賣臉，甚為調侃。壓軸為吳夫人轅門斬子，嗓音已差，尚能到底不竭，惟嫌過花。散戲，沈剛伯夫人約余暇日赴伊家飲酒，羅志希以車送余回寓，語我工作會議對考績案尚不許黨史會備案，鄭彥棻說話較多，真小者，相人稱之為小兒科不謬。回寓浴後即睡。

10月3日　陰

　　晨赴總統府國民月會，內政部長黃季陸報告耕者有其田之順利推行。報告畢，總統宣示近在韓願歸台之華俘為印度兵槍殺，又自緬擬撤之反共救國軍為緬軍受中共指使而遭轟炸，皆因我國勢弱而生不幸，全國人應予支援，並向聯合國交涉。會散，探胡立吳，尚能行走，惟藥貴耳。余至中華書局取利，中本取利，送還陳瞿梅蔭附存中本之千元。歸途購菜籃，裝滿贈項蓉之食物及朱家似玩具，請卜鎮海帶至新竹。鎮海今晨七時來，為經銷麵粉無麵粉可銷，囑余致書農林廳副廳長皮作瓊請配給麵粉，又余為介紹鄭天宇打聽麵粉情形。飯時在本寓，飯前在財經聯合會聽金司長改善請求外匯辦法。下午在財政國防會議討論軍人保險，余主特種黨部兩項意見應採取一項，又主此為想不得之保險條例，不能推論太細。魏惜言曾推及國民兵。五時至錢宅，王為俊因錢

探斗得為交通處顧問治席請飯，黃叔喬、李景蓬皆來，探斗拉余，余辭不往。張旌送余過第二女中，張旌藕兮學名，為當日因愛睡屢誤升期，余招伊明晨麵，伊貪睡辭。余至陳仲經寓，其妹因其舅母劉蘅靜來，住客廳，自稱廳長，余喜稱之謂炊廳廳長。陳瀛洲留余飲介壽酒，沙丁魚、焦蛋白菜湯，飯後蘅靜出麻豆柚子，伯稼送余至長安東路，余得車乃回。余約每月最後星期六赴陳家飯，自十月三十一日為始。今午朱鍾祺來，約每星期六往雲和街雷家改星期五，向采改星期四。歸寓知卜君已來取籃，錦帆因小銘起得遲，明日九時不克來吃麵，明晨惟談龍濱、劉文川可來。余因明日為八月二十七日先慈生辰，見蘅靜老母八十七，王為俊老母八十，皆尚清健，念我母因痛夫成癌，雖有知醫之子，竟然不治。卒時頻云辛苦教子成立，而不能一日受養，恐為人所笑。此言之悲痛惟姊與余知之，姊今已歿天壤間，惟余知之。余與弟、侄、甥、表弟隔絕，一人悲哀起伏，欲哭無適當之處，天乎痛哉。

得雷儆寰書，為盟總某君稱贊八卷十期自由中國，向自由所寫有關戰俘通訊的影響，此文譯成英文，呈 Col Hanton 心理作戰處主任，美國因之決定對反共俘虜的基本政策。儆寰有此成績來謝余，對自由中國十分愛護，並望余時賜嘉言，以匡不逮。雷君不知政府對自由中國之麻煩為該刊名譽鵲起之一因，在政府亦應知外人重視略有與政府異趣之書刊言論，以為如此方成民主，一鼻孔出氣非健康之政治也。

晨於總統府假大理石台階遇洪蘭友，見其氣喘，蘭友述不知而行之舉動是瞎師姑唸經。夜接中西祕書處徵詢本黨幹部政策與人事制度檢討報告，其建議中切實加強從政黨員的管理，黨員應按期對黨所交付執行的政策與決議向同級黨部報告，同級黨部亦

得令其報告，黨對從政黨員應積極領導，切實考核。其檢討中云所有黨政重要措施多能事先通過組織加以研討決定，故過去不循組織途徑的意見反應以及分歧龐雜的現象業已減少，列為成果，小組尚欠健全、基層更覺空虛列為缺點。關於幹部的管理，云對立、監委員分別設置登記表，著重動態登記，注意其發言紀錄是否符合本黨政策與指示，並定有關政策性案件均本以組織管理原則，透過組織運用實施。

10月4日　陰

　　晨曹瑞森來整理書籍，余同侯佩尹、談龍濱、劉文川及其女劉孟衢同至銀翼麵、干絲、小籠。出，為孟衢至杭州南路七十一巷訪賀其燊，告孟衢停薪在八十元，六年不升各情。賀曰中央信託局人事現為員工不分，大小不分，臨時優於正式任用之人，極難合理。有海軍專科學校教授唐祖培（節公）攜李北海碑端州石室記、少林拜壇、雲麾、龍興之碑，以雲麾碑陰被妄人刻題名，損傷原刻，最為可惜。唐君於每刻採複刻或縮印本作比，又印詩鈔墨跡，真有心人也。賀君亦出日本所得王羲之墨跡及王鐸所藏聖教序。見「际」、北海碑中「海」寫作「烖」，佩尹歎為初見。出尋俞良濟未得，歸而知有一小姐奉訪，不知其為何。稍臥起，閱金銅月刊，有人改古語頌懼內「人無怕不立」，有曰怕經有云巍巍乎，惟天為大，惟妻則之。又云五刑之屬，三千而罪，莫大於不怕，真是滑稽。又匪情週報29載舟山區專員公署轄三縣：（一）普陀縣轄沈家門、普陀山、朱家尖、桃花島；（二）岱衢縣轄岱山、衢山、秀山；（三）定海縣轄定海本島及附近小島嶼。在寓飯，飯後至錢家，晤羽霄，同出至羽霄寓，三人一室，竹床，鄰近飯堂，又至其辦公室略坐。出走信義路二段，入

一大教堂，在屏風後有人閉目說道者，羽霄同余立講座一望，
則洪叔言也，相與驚歎。趨而出，至俞良濟家取酒一瓶。入雷
家，同俞夫婦、望之、徐炎之夫人、李宗黃夫人抹牌，余好出銃
致敗，羽霄受影響亦輸。歸已深夜，酒後歌舞嬉媒，屢勸孝實入
睡，孝實聞笛屢出，真渴愛也。

10 月 5 日　晴

　　晨至中山堂聯合紀念周，俞鴻鈞報告省行政，余坐黃麟書
旁。麟書謝余兩次赴伊寓，伊云考試院署長階級皆不敷開支，伊
賴香港友人接濟，伊託余為歐陽濃跨黨，開除了歐陽勵儂事。余
於散會隨 2987 車回黨部，向吳禮卿、張壽賢言之，壽賢謂保密
局說是此人，擬提會交小組察看。余曰以名同受累，何不給他一
個痛快，不予執行。禮卿先生語我革命文獻二期所印乙巳同盟會
名冊，恐係王某在上海默寫之本，其中名字不全，又勉余養身體
擔當大事。自黨部歸中山堂和平室，聽楊繼曾台糖增產困難，利
息負擔太重，希望防衛捐二成皆撥作台糖增加糖價之用，以鼓勵
農民植蔗。余歸寓飯，飯後走侯佩尹寓，楊枕被凳皆潮濕有霉
氣，余閱佩尹所編講義說關睢，略睡。出走赴陽明山之路，至芝
山巖橋，橋右為泰北中學，為福林路 362 巷，至崗亭數十步，問
張組長毓中家，得籬弄後有竹之居。見毓中夫人，問余四弟媳有
無消息，謂廬山素菜係在大林寺吃的。飲茶後，毓中自總統官邸
歸，導余至馬路，再過一橋，往左先過民居，再經草屋一排，乃
為保密局，有溧陽同鄉□君引入見潘其武。入其辦公室，見紅卷
夾一疊，云白天祇能了紅夾，白夾有時需攜回家之閱之，如是者
已二十年。出，引余參觀禮堂及毛人鳳辦公室外之會議室，余欲
尋能名久著之女機要科長，下午不在。時□君已為尋得狄保珍之

婿葛青，葛引余出保密局，過草房，余尋名牌，不能得陳塈懷。過修車廠則為芝山巖磴道，上有廟刻洞天福地等字。葛青佔磴下山亭，水泥柱伊略加板加遮，費一百二十餘萬舊台幣，年輕之姑太太乃在葛家之後，須上磴道二十級，磴道苔自綠轉黃，人易滑失。出走往舊士林之路，遇保珍、□□於路，□□背其子，方送客。回紫山巖，東向壁峙，雜樹成蔭，頗為秀美，後聳饅頭諸山。張毓中謂饅頭山亦可上角板山，公路將成，約余暇日同游，余促張君先歸。余等越鐵道，下為至天母之橋，天母新建租價一千法幣之住房無數供美國人。余等過舊士林橋候車，葛青之女自學校回，余得一便車回上海路。走過許多路，方得周邦俊寓（一段三十九號，二五九三九），晤邦俊及其女文□，次女文琪赴高雄，談天有朱志堯姪。飯時桂、蘭二伯、叔言、顧儉德夫婦及李本忠，本忠為朱人德病極努力幫助，蘭伯昨晚八時來邀余。飯時有羅店汪三及周家大婿，飲白蘭地一瓶及玉樓東一席，鴿子魚略有味，其餘平常。余向主人索家常醬瓜、乳腐、鹹魚，皆不鮮，柚子亦不甜。酒後暢談一回，乃同蘭、桂返寧園，桂伯說好，余贈蘭以方糖、陸祐湘以臭蛋，姚志崇來譚。余酒後興不可遏，同秦啟文、黃叔喬赴錢家打四圈，歸而睡熟。五時醒，念嗜酒多賭必將致病，病無人理我，病而不至於死定費財力、人力、物力，對不起大時代，酒、賭二者良宜戒也。

錢太太款客以古古麥片，余食後舒適，啟文贊美。

台元紗廠李、黃二姓訂婚設五席，首席首座標黃老先生，工役老黃曰此蓋請我，誤寫顛倒，應寫老黃先生。

范望之子存恒將由華府返國，望為之申請入境。

10月6日　晴

　　院會為在韓向義華俘為印兵槍殺、緬邊將撤部隊遭轟炸臨時提案，討論甚多。將午選舉經費稽核委員，余舉楊大乾。余又為方冀達希望任黨部委員，為伊向習文德、雷殷、程滄波說起，惟滄波問干卿底事，笑焉。黃叔喬述方到花蓮，見老猴拾西瓜皮不得，方拾而擲與老猴，誤會為搶奪，利爪撲方頰，深入流血腫甚，方遂折回，小報喧傳為美豔所招。選舉後返寓飯，飯後俞良濟夫婦來，同至後車站參觀人間地獄之眾生相。坐汽油車至新北頭，走新民路，見情報學校已跨牌樓於陸軍醫院精神病院之上坡，赫然大學校，鐵路招待所已為其囊中物。入招待所，老蔡不在，蔡妻謂上有要員軍裝者昨來住此，引余等往下池，下亦有軍人二一臥一坐。余等乃過八勝園，走外馬路，山清氣涼，澗水響流，遠為秀峰，俯望溪流，良濟大樂。余等入僑園開房浴身，浴池之底毛釘刺足底，不耐久立，惟臥床不惡。出尋彩虹島，擬進點未得，乃搭公共汽車回功德林吃素蒸餃，以素燒鴨為佳。余至鄭家飯，澈候余，明不在，味經夫人病，怡請假在家。飯後歸，俞士英夫婦來為敲槌，伊等已遷後車站國際旅館。

10月7日　晴

　　晨凌銘來，余勸其上船服役，伊允二月後上船。伊在東吳補習，又想入海事專科學校，余謂無甚可學。侯佩尹來謂講義及函授校主任公費均得到，約余出游。余與之同入中心診所六百十號探蔣碧微，值伊方櫛髮，長幾可至踵，方知常雙鬘耳側，為髮多之故。伊在北平曾一次剪髮，持髮奉母作髮子，幼年時病髮太多，剪頭頂一縷奉母。伊胃病云是膽石阻塞，醫勸行手術割治，余阻之，伊維新不能從余勸也。余等辭出，走診所後，入植物

園，先過蔭房，林渭訪自書，佩尹曰曷不榜蔭室。余等過橋畔，賞塘間紅色睡蓮，過禮堂賞荷，休於亦亭，梁希所榜。過大王檳榔路，休於小圃，佩尹背「明人青衫濕」兩絕，余等又休於憩椅，賞白色睡蓮。出至洪陸東家，飲用佛手所窨之太白酒。讀余撫生絕句，佩尹云是昌黎、義山，余自讀悲切，殊無意於求工，近且久不作詩，張清源來，亦贊美一回。出至雷家尋謝壽康所寫竹，望之不在，未尋得。出至青年會二十元客飯，惟主婚雞咬不動而味尋常，餘均可。余遇宜蘭王校長。與佩尹別後臥梅蔭床，正整理什物，明日遷三條通三十弄三巷三號章寓。三時出，於中正西路遇李家瓊，自群眾大會逃隊出，余邀其請吃丸源檸檬水，趙耀東、中兄弟在彼冷食，耀東付賬。余至中本同張百成作閒話，百成贈唐嗣光所印半截碑。余至立法院，選舉儲家昌為第十八小組長。遇汪竹一請吃明星咖啡，遇譚淑，牛肉酵及咖啡皆不好。余至錢家，同李、王、錢打十六圈，余兩副三元不和，略負。

10月8日　晴，燠熱

晨狄家銑來為受和問事。余至中央黨部開業務會議，於政府人事登記欄主不列黨籍一欄。內政部長黃季陸同志主張可列黨籍一欄，覺不便則不填，蓋主由調查者填也，徐晴嵐主不填。又討論抗俄運動後，中央工作同志如何甄審為官。十時散，余入台大醫院617探朱霽青病，遇錢公來，朱先生謂中央已有招呼，病已向愈。余復訪吳先生，值闔眼，兩手微動，馮元賽云已進食，肯說話，而又發炎有微熱，不割除膀胱石恐不向痊，割又問題多所顧慮。出往三陽春，辭沈德仁、黃曰昉午招，歸飯。飯後臥至三時，至良濟家小坐，同至新生南路三段九十四號八號何福元（範

五）方英達家，同吳開先夫人、雷、俞、王合腳及良濟打十二圈，余收復雷家前日之所欠所失。王節如唱風雨歸舟、三拉。有施君偉丈夫者同席，飲白蘭地一瓶，方英達治菜甚多。十一時坐孝實車返。

10 月 9 日　陰

晨侯佩尹來，余寫昨晚枕上所成詩三首云：

國慶前數夜夜深三番號繞市聽而不寐成口號三首

三軍夜習盔微光，利器精裝意態強，
悠揚不斷三番號，吹動軍心盡望鄉。

望久人人急反攻，中原子弟亦從戎，
經韓歷劫歸俘淚，灑入自由懷抱中。

歸心義淚與同仇，剗盡人為不自由，
轉眼明年逢甲午，急圖匡復莫優游。

徐銘來，為割門齒脫落半月略有連皮者使落下，僅自割處微血，塞紅藥水棉五分鐘血止。談伊台航公司醫生說而未成，徐祖詒妻還索美金，須依黑市計算。出至立法院簽名，中央黨部出席工作會議，知十一月十二日將舉行三中全會，而二月十八日則開國民大會。十時半至立法院，聽胡濤讀行政院施政報告，陳誠補充反共救國會議之種種，及半年預算減少收入增加支出之原因，下午主計長龐松舟又說明種種。余至三條通三十巷三弄三號，賴朱國華引導，陳太太傷風發熱，房為六席，空氣尚通，後有客堂

可容大櫥，下為空地，有一大樹。余出至陸家，飲白乾二盃，有蝦乾、臭豆腐佐酒，見杜二小姐及□太太。出，至李向采家寫書譜二頁，有王小姐來。七時飯，吃黃魚鹹者二尾，秀武命洗而後加鹽，今晚發臭，余笑之。飯後四圈，余負十一元。十時歸，浴後即睡。

在向采處見賈煜如悼亡詩六十餘首，尚真率。

余詢第六組以歸國江蘇籍義士四人姓名，第六組開列云古陽于連周、歌榮金光耀、江都常廷春、卜啟金。常、卜皆副連指導員，金為士兵，于係火夫。

前日為孫仁致函台電公司查石村，得覆現有職員已超過定額，會計人員係由中央財委會任免，故不易設法，僅允設法上映孫仁持有之國產影片兩部。

匪情週報綦江鐵路增一支線，自三江口經過溫塘至南川之萬盛，共長三十三公里。天成鐵路已自成都通車到綿陽，長116公里。

10月10日　晴　國慶節

晨起黎明，整理書案，東方微紅。穿禮服自後門入總統府，與薛伯陵並坐，譚笑甚歡。行禮後出府後，坐第四台蔣孟鄰先生側，與馬壽華笑譚。十時總統出，府前閱兵鳴炮，總統巡視費一小時。分列式余看至五十二師，乃回寓飯。飯後睡，至俞家，同至中和鄉王家打牌夜飯，三十元一紅子，余輸十七枚，十二時始返寓。王家以元寶菜塞青辣茄中，甚美，房子亦合用，惟地低淹水。張百成偕王孝慈午後六時來訪，約明日中午飯，陪含光先生。

10 月 11 日　晴　星期日

　　晨劉象山來，譚地方自治選舉，不先以教育改進道德，使知選賢任能之要，徒令鈔票橫行、流氓作祟，非計之得，台灣人作弊之工而不要臉為內地人所不及。九時侯佩尹來，同到功德林吃燻鴨及素包子，攜兩包至商宋寓。天氣晴朗，本擬行田野觀賞，乃商嫂留打小牌，至第三圈而飯，本日佩尹因得講義費而加菜，雞鴨魚肉均備。張定華來，譽余在蔡先生門弟子中似有若，吳先生為子貢，其意可感，其比得過分與詩若韓退之相等。余略飯後，至金龍浴堂弄內張百成寓，二宿舍相通黃孝慈中央信託局者與百成中本者，以兩進道為書房，一供百成，有含光先生楊柳山水及結婚照片。外為客室，有紅木方几小樣的三件，懸沈德潛詩幅，後為臥房，懸有張敞畫眉圖。房後為披屋，後庭陽光照滿，鄰家紅花向陽開，正對臥房外披之小座。余勸種海棠遮牆腳，竹竿遮防空小築。披屋左為更衣室、浴堂，更衣室前為衣櫥，小室去寮可通臥房，此為百成經營房之得意部分。余待久之，陳含光先生來，同飲金門白乾，極醇，菜有燉醃鮮，蘇州味，燒飯者正蘇州人，外有燒蛋餃，餡雜蝦米，則福建味矣。飯後即歸，汪經昌為崑曲同期司事，蔣公亮、王洸談對聯。四時開唱，唱番兒敲鑼，俞良濟夫婦、徐炎之夫婦、雷孝實夫婦、朱敷春、浦逖生、朱佩華集余樓飲白蘭地，彭長貴為備酒菜。最後蔣公亮來飲茶，講一美國人云汽車代表權力，中國立法院前無汽車，從知權力不在立法院。五時半余及良濟歸其家，往前巷參觀彭園，彭常貴經營之售酒處，也有樓新增廚房。參觀返，朱佩華、徐炎之夫婦、張振鵬來，同打牌十二圈，飯時有肉圓豆腐湯。回寓已門閉，叫打始開，浴後即睡。

10月12日　晴

　　晨甫離床，有丁淑貞來，伊女筱玲二歲半，擬入育幼園能住宿者，伊房租月五百元，女工二百元，託兒二百元加吃，月一千五百元不夠。余贈伊千元，同至大同吃粥。余入實踐堂聽方治赴韓探俘經過，俘一萬數千人反共向台，決心可佩。散會，余請道藩來十八日法比瑞同學會，伊曰何必成立同學會啟爭端，聯誼會不是甚好。余至立法學參加台糖公司四十二年度修正營業預算，郭登敖主席，成逢一報告，於普通減少開支四千萬元扣回糖不動，收購糖總數今年減為十八萬七千六，原列二十萬。余主務從大處落墨，乃借錢歸寓飯。飯後臥得尚好，自今日起少打牌、多睡眠以為休養。二時出，遇人送植物園與侯佩尹合攝之影，取景及兩人神氣均佳，遂送往佩尹處，為伊清除垃圾、取款。回瞿梅蔭處，姚志崇亦在，坐北窗下，志崇去讀書，梅浴，余臥床小休。四時梅送余越鐵路，走瀋陽路入新聞處，還周雞晨喜聯款一百元。余至鄭家，同味經走冷攤，無當意之貨。夜飯後至鐵路局禮堂觀罌粟花，遇陸翰琴、許師慎夫婦，沈善琪云君陶在獄死，壯聲判七年，徐渭士、彭恭甫以毀壞合作社帳被槍斃。余看戲至兩幕中，以天悶不耐久坐板凳，乃返寓，入浴後乃睡。

10月13日　陰晴間呈

　　院會諸人質詢，余聽林炳康、丘漢平為悉，皆下午說。陳辭修答三十分鐘，於不合理之待遇、不合理之開支均允查禁改良。王寒生詢及教科書已函授學校，函授學校屬於補習教育，不可厚非，惟亦嫌太多耳。余於上午同凌英貞出購料送鄭怡廿歲誕辰，下午六時往麵，魚皮、肉絲、酒燜肉皆佳。歸遇，寫松江本急就章葉夢得跋，十時浴後乃睡。

10 月 14 日　晴

　　晨正臨松江本正統四年吉水楊政跋，陶寄漚、俞良濟來，同至銀翼麵，蘿蔔絲餅、酵肉、炒蟮糊，無佳味。出候朱虛白，同至俞家打二十圈，飯時食蟹，午食宜興餅皆佳。六時散，至陳嘉猷家飯，有蛋餃及萵苣葉燒豆腐及鯢魚，晤寓主紹興章君，夜色將沈，雀聲喧樹，比飯已月上，而鳴聲寂然。梅與余約星期六往探晏長祐夫婦，臨行忘攜梅所製臭蛋。

10 月 15 日　白天悶晴，夜雨

　　晨寫楊政急就章補缺一頁，已九時。赴內財經民刑商聯習會議，討論耕者有其田施行細則，與工作手冊與耕者有其田條例有出入處。嚴廷颺報告，謂雇農分到田甚少，原係非耕者因三七五減租有名在內而分到田。又第八條之老弱孤寡殘廢均再加限制，幾失體恤原意，其他有溯及既往者，有另為限制者，皆一一指出。黃季陸、俞鴻鈞在場答覆，黃所云云余已在總統府月會聽過。余理髮歸飯，飯後得暢睡。三時立法院財政委員會，討論花蓮蔗農請願將糖米比價用公債來補償，其利息四十二年年初算起。論習慣蔗農吃虧約半年，但政府經濟困難，所應償約二億，搭現款約四千萬尚待籌措，而公債無付發行前利息者。余主請願案不能成立，陳副廳長及楊繼曾在場說明。五時歸，施文耀睡余床，窗門悉掩，怕聲之外，慮再怕風。余至秀武家，方肇衡為余槌胸背。余同秀、衢走殯儀館後巷，上新生南路看山雲田塍，遇陳武鳴在散步。回秀寓飯，有魚頭及蹄子，又有金萱萬筍千張及摟蓬蒿，皆余所愛。飯後同楊子江（滔）及王君打八圈，余小勝。坐車歸適雨止，歸而復雨，浴前後擬打電話與張旄，皆不通。得范望信，九月十三日晨零時十餘分遭保安隊人搜檢寓所，

搜去文件、詩稿及余致伊書二件，一為三年前敘述余子侄被困虜庭詳情，一為去年中秋夜新竹寄來感懷詩二首及函，查係馬文新（餘姚人）所播弄。范詩歌頌少而諷刺多，未始無毛吹之可能。姚曾吞沒范存金二十兩未還。

10月16日　陰雨

　　晨丁淑貞來，以兩次往外覓點，皆不得美味，乃在窗座進粥，淑剝皮蛋。出，到立法院簽名，再到中央黨部工作會議，以自立晚報國慶花絮有侮辱元首、挑撥暗殺，停立發行三個月。聞其人投機詐欺，祇圖個人利益，甚不足取。十時到立法院聽葉公超答覆質詢。十一時歸，易單衫赴台北賓館，同薛伯陵、萬耀煌遊園，則日本皇族植樹刻銅題名皆剜去，又不做平，甚難看。余與陳辭修談今日常會報告事項，有人事行政學會梅嶙高呈：（一）請行政院通令獎勵具名負責檢舉，匿名投書各機關不受理；（二）各報章雜誌發表有關公務員違法失職之通詢須公正慎重報導，勿予渲染；（三）建議監察院對糾舉、糾正等案情尚未據申覆確定前暫勿發表，如先經發表者須將申覆查核結果隨後予以公布，以正視聽；（四）請司法院准公務員交保候詢，並從速審結。請予注意。又告伊告出多門，情報亦出多門，令知人民遵辦各事逐段令遵，使人奔波跋涉。並告伊蔣夢麟先生云治外法權雖廢，法外治權尚在，辭修大笑。飯時有蔣錫福等五華僑，坐總裁對面，五嶽朝天。張曉峯報告三中全會及義士歸國各情，義士中有共匪師長在內。食木瓜後，田炯錦送余歸，余睡熟。至台北賓館觀敬老會，有鮑老太九十五小足能行，有盲者，有抱入堂者，有背入堂者，男子穿壽衣者，女子盛帶金飾者，子女挾持，妻媳隨侍，有一婦年一百有四，為最高齡。出，至美而廉法比瑞

同學籌備會，余從中斡旋眾團結，卒獲無異詞，欣然籌開。馬光啟送余至雷家，余同宋希尚夫人、謝冠生夫人、朱敉春夫婦打小牌十二圈，雨中乃歸。

10 月 17 日　陰晴，夜雨

晨丁溶清來，邀余赴廈門街 165 號看房。余同伊至士林侯佩尹處還鞋託事後，往觀廈門街一百六十五號房，沿街前後有棚，空氣不大流通，雖已在修理中，余主不要。在街上遇彭鎮寰，同彭入瀟湘吃粉，余吃炒鱔背粉，甚好。同寰至中山堂聽張茲闓、尹仲容、沈宗瀚、楊繼曾講台糖當前政策。十一時半返寓，在寓飯後，丁淑貞來，候佩君自北投回，云全縣廖君競存月前辭育幼院副院長，丁筱玲入院事無從接洽。余同佩尹入立法院查廖住址，佩尹明日再去。余至梅蔭處，同車至信義路四段晏長祐寓小坐，門口開一雜貨鋪，賣一角、二角糖果，小兒以晏為聖誕老人。出尋凌太太，不在家，梅往尋戴軼羣，余遇陶寄漚扶楊冠北之父往金龍浴。余入俞良濟家飲酒，吃梅所做鹽蛋並臭豆腐干及諸小碟，以燒排骨之洋葱為佳。余等自室內移至庭中竹前花下，余盡八盃，候望之婦夫不至，余乃至朱君寓飯，打牌四圈。朱、張、舒皆出受國民軍訓，歸飯飯冷。余至王洸家，阻余談張蓬生六九做壽事，十時乃歸。

晨過冷攤，得廣益書局民國十一年三版之新智囊，元和宋宗元著，於為人處世之道頗多裨益。余家藏有智囊補一書，內容已不記得，似可與此書合刻行世也。

10 月 18 日　晴

晨劉大悲、沈裕民來，大悲慮馮正忠多事，裕民報告姚薦楠

哈哈大笑、孫鐵人條條借錢，眾同志生活困難，常比中央黨部之待遇，中央黨部以已過繼總統府情同不理各情。余與商國父史蹟紀念館應設主任，國父曾下榻之處應布置像樣，其中似可設編輯研究部分。十時半佩尹自廖競存處回，云省立教養院收四歲既滿孩須觀身分證。余同伊即覆丁淑貞，淑真盼寄養出女孩極切，溶清已依余勸退廈門街頭之屋，姐弟相煦辦法較少，與我家姊弟間嗟咄成事、人力財力充沛者不能相較，余頗憐之。狄憲英與彼鄰居，亦知淑貞離婚後之可憫。憲英與兆麟方坐汽車尋余回，兆麟謀鐵路警察局事，須得陸京士助力，余在同安街橫巷寫名片與之。坐車之張申（惠夫）家，在潮州街剛過麗水街口即是，室懸譚組庵臨羲之帖單條，極有精神，又出示易大厂、蔣方震聯及扇頭尺頁，張其煌、瞿宣穎字，傅菩禪芍藥，鄒慧厂山水，鄒所畫乃桂林山水也，又有永福唐翰人物及館閣字數張。惠夫子娶於南京柳葉街端木，其長婿劉蔭松舊在正中，今為藝文經理，持新印之清明上河圖西裝本歸。其次女適現在大陳之軍人者，較明麗。余索飲則有牛莊高粱，滷肚、蒸雞、炒魚丁、春捲皆可，惟蠔乾燉蹄熱度及蠔量不彀。菜皆廣西味，廣西之荔浦味，其夫人所燒也。張家孫男女及外孫男女六、七人張眼望桌，倚親求食，分碗各吃，吃吃玩玩之情，與善子聯游等同狀，殊令余念家。余至三六九三樓崑山人會餐三桌，彭百川、沈霞飛夫婦均在，章慎言得補國民大會代表，明年將出席，余舉盃賀之。食已至公園照相，陶一民見攝影師，謂余曰如此腔三技術有限。余等及孫錞集銅象基，今為標準鐘處攝二張。出，至台糖三樓留法比瑞同學會更新組織成立，到梅仲協、蔣丙然、樓桐蓀、鄭彥棻夫婦九十餘人通詢，選舉票收八十份，內政部科長李國安來指導。會場喧雜，不便討論，幸李科長諒解，會眾一切無異議。開票至六時，

佩尹攜日間牛莊高粱來慰勞，余請大悲、謝次彭至玉樓東飯，有炒鱔背及老薑雞湯佳，生意亦熱鬧，八時同鄧武、周蜀雲等至三陽春飯。飯後移至襄陽路林君立茶公司樓繼續開票，十一時始畢。投票結果應參加者多能當選，散票極多，投票余極主自由，結果良好，此為選舉不必控制之例證也。余理事票八十餘，監事三十餘，兩者悉當選，余就理事君，立約好好服務以慰眾望，余不敢貪易逸就監事也。回寓洗身，小袁語我小葉將訂婚。枕上閱劉引孫上墳元曲。

10 月 19 日　晴

晨起身，紅光尚未露樹頂。赴陸孟益處移款，赴中華毛紡廠存款，知錢惠芹已與祥生脫離，以合作者市儈，惠芹不能耐也。余赴實踐堂紀念周，張道藩報告立法院反對黨人數既少，且極客氣，對案子之不同意見本黨黨員自不能免，雍塞非計，宜在黨員大會及黨政關係會議暢議且論定之。會散，道藩語我吳先生化膿部分逐漸增加，白血球減少，叔薇已來電同意開刀，總統亦謂至萬不得已時，雖百分之五十之把握，只得開刀。開刀在即，告伊取膀胱結石，實際連攝護腺亦除之，並插管子。余頗以老人能經開割為慮，但亦無可如何耳。今晨任覺吾柬邀赴木柵中興山莊，聽張曉峯對實踐分院演講，余欲往未果。余入立法院，欲講明撕已用印花再貼基隆一案係司法範圍，商人呼訴可置不問，乃會已散。四十一年台糖營業預算案余無意見，祇簽一名。余至梅蔭處辭星期三不往飯，即至俞家，同俞夫婦及裴承藩夫婦、朱虛白打牌，余負，夜深始歸。得孫琴池信，伊夫人請余參加今晚寧園宴會，余不之知。得徐道鄰書，謂「自由人」近亦登載詩詞，而格調不高，囑余寄詩並手寫之，以便製鋅板發表，余無以應。審計

部審計許祖烈（惟競）來謁，不知何事。

10月20日　晴

　　晨侯佩尹來食粥，同之出購沅陵街第二爐燒餅，上漢彌登樓上食之。晤夏臣堃，託伊為余覓皮膚病藥，今晨右肘忽紅點作癢，塗 Mycozol 不知有效否，再作準備，入晚林在明來送 Benadryl 2%、Sulfanilamide 5% 合劑。余赴院聽人質詢，午始回，下午聽人質詢，並林彬、張茲闓答。立法委員所問之中有為某部會而作詢者，有似監察委員應問者，陳正修云詢及政策與預算配合者，甚鮮其人。飯時為吳賢銘考取赴美留學，明晨赴鳳山受軍訓，加菜麻辣子雞，余出小瓶高粱。眾推余寫詩，余作詩云：

西寧路北名園樹，筆葉苞花送汝行，
已是儒珍深學養，又於軍訓濯精英；
克圖窹寐尋彼美，多獲游修慰此情，
車發晨曦初吐際，歡騰爆竹一聲聲。

　　飯後余至佩尹處飲花茶，閱英文詩，略休，佩尹自煮飯、洗衣。薄莫至中華毛織廠，陳希平謂五千元兩張存單可放伊鐵箱中，逢十九日去加資，省得拿來拿去，並同到對門看余所寫同濟二字，同字覺鬆瘦。余至鄭家飯，林德欣昨高熱，中心診所謂需留院，明請開退熱藥，竟夜無眠，今日幸退熱，已化去七十餘元。鄭嫂因皓刮子宮後微痛又作，陪伊就醫，而皓第二子爬榻榻米爬翻熱水瓶，燙傷皮膚，又入醫院。多子孫洵多累哉。

10 月 21 日　晴

　　晨起在客室會，齊進麵後，坐旅行車送吳賢銘上車站，莫葵卿之第五子、陸匡文之子皆同應受訓。余等休於站長室，七時半開車，小葉放爆竹送行。余過新天橋，在車站後中西旅館及國際旅館尋俞、奚，不得乃歸。入立法院聽嚴家淦、張茲闓、徐柏園、俞鴻鈞關於外匯物價之報告。將午至梅蔭處，伊正做蝦仁餃子，留飯，有雪裡紅梗烤蠶豆極鮮。飯後睡，二時休，至錢家，藕兮方睡，郁佩芳亦自床起身。王伯母告剛森寄回港幣三百元，而人一些一些給她，殊不痛快。錢十嚴丈病瀉，愛食古古，余亦進一盃。同錢、王至新生南路二段三十三巷十五號尋陳敏，敏以兩千元購竹頂房前後兩間，余等進小溝轉北，尋不到十五號，余呼陳敏，敏噢然應亦有趣也。五時至俞家，今晚請溥新畬畫師，何福元、雷孝實、朱虛白夫婦皆陪。良濟做牛排甚嫩，新做燜鍋鍋小而浮油多，未合理想，余主加素菜及鮮蹄另燒去油，良濟亦不納也。飯後打四圈，余倦乃回。前日余央俞夫人洗長衫，競英赴呂家出征夜歸，長衫浸久微花，因惹伊懊惱。關於洗補不能累及別人，余那日亦殊孟浪。十一時歸，洗浴後睡。卜鎮海來訪，有留字。

　　稚暉師今晨十時開刀取出結石十六塊，栗色，大者如大栗，共重二兩餘。攝護腺係大手術，未割治。

　　施文耀今晨到財政委員會開會，面色仍呆，曲直生、夏濤聲、羅霞天、潘士浩多問起，余謝之。包文同致余函，云文耀來否及來去何時聽其自決，各方兼顧，煞費苦心。

10 月 22 日　晴

　　晨赴立法院，參加藥商請願成藥與原料分別稅率案，到者甚

少。成諧詩云：

九十餘人安在哉，晨星寥落老人來，
多勞主席門前候，立法精神嗚呼哀。

　　昨夏濤聲、張九如相與作諧聯云：

有部一身鬆，有聲有色有貨；
立院三不朽，立德立言立功。
（德謂不發言者，言指發言而不中聽者，功指奉命發言者）

　　十一時余返寓，下午正臥醒，周春星來託為謀事，云呂松盛之父蔡瑞琪東南大學教授與胡適之先生相識，卒於法國舟中。母蘇州人，比佩文美，年四十餘，在上海，諸務靈敏，尚足嫁人。松盛為牛天文遮留，在其航空公司工作四年來，家用不敷，所攜美金千元已貼去九百，公司虧本無成績，董事已出本，尚月求兩百元，職工痛苦在所不顧云云。余與出，誤記本日為星期五，坐車至保安司令部前，余上圓路，春星立反對方向，恐將誤投。余至秀武室臥一小時，天候室外寒而室內悶，飯時有萵筍豆腐、罈子肉。余走長安路回，上中華書局樓，同姚、陳兩太太及陸君於明月下坐車，伊等往昆明街聽道。余歸，電話錢家知已成局，乃睡。俞士英夫婦來，云遷延平北路中華旅社一號，在社之後樓。

10月23日　晴

　　晨候侯佩尹來，同至立法院前候商文立到，貸以款用付房

租，十二月中商還侯付房租，商未與侯遇，侯送往商寓，或留飯也。余代志希出席工作會議，關於日本黨務，謝東閔自東京歸有報告，董大使歸述職，明日黨部開會座譚，大概事權不一，董未行使指導員職權，而曰權不在己。張伯謹在大使館主持文化教育，十月一日有數千學生集東京頌朱毛國慶，無法阻止，有張□□等闖慶貼標語，為共生閉禁痛毆，張炎元主嘉獎，鄭彥棻有所顧慮未提出，而張伯謹謂張技術拙劣，東京事不應放任至於如此。謝東閔報告董大使建議兩點：（一）設立中日文化中心，月宜補助一千圓；（二）組織中日關係協會，月五千元。謝建議設日本黨務指導委員會，管理學校、處理學寮，學寮為歷來我國留學生在日寄住之所：（一）清華寮（舊稱高砂）、（二）後樂寮、（三）青年會館、（四）平和寮、（五）神田寮、（六）光華寮、（七）許風寮，左傾分子之大本營也。余入院會，聽蔡副審計長報告。回寓飯，飯後略睡，三時至雷家，與良濟、王節如、諾太太抹牌，夜同賀鳳蓀等飯。牌時飲安南白蘭地，嫌香，若餅干香然。十時牌畢，同良濟走中山堂，西門町購巧克立給俞立，請良濟帶回。回寓知馬壽華（木軒）來訪，得黃壽峻結婚照片並信，知證婚請了王國華，未作密月旅行，候余緩日同游。壽峻娶台灣女，其人在車站電話房接線，貌亦平常，又結婚時發柬過泛，又託人催送，現惹人議論。又狄璉於八時半偕女來尋余，為其子人逸患白喉送台大醫院，囑籌治療費二百元。又韓端元昨晨八時半來訪，已得中國新聞出版公司第二印刷廠工作。又呂松盛夫婦下午於余睡醒時來，松盛許周春星謀工作，乃因春星每日強聒家用不能再貼所致。余在枕上閱元曲救孝子及兒女團圓。

10月24日　陰寒有風

晨閱各種雜誌，陳啟天所論似較穩於王師曾。師曾論國大代選舉糾紛，乃云國民黨包辦也，論為黨對局，論時民主潮及新中國評論，皆肯說能說。本黨同志頗有長房媳婦多吃飯少開口之狀，惟陶希聖連日論法，對台中法院對選舉無效之判決，司法行政部認為見解失當者，陶亦謂所依據各項選舉規程是法律也。九時走中正路自西而東，遇黎子通夫人，其子於電影中見余，云大伯伯。次於華山菜場遇張慶楨夫人，乃李志伊夫人之姪，余與之談李家瓊係優良母性，但伊持誤見，謂母曾云須適年較大者，庶得保護而有幸福。次余至朱育參家，其家夏日若蒸箱。參妻之兄仍繫青鳥路，已滿兩年，判無罪，軍法處請釋，而政治部不准。育參妻孤居無鄰，謂錦帆若建一屋於旁，庶得照應。出至朱家，曾講及蘇州張女在錢馨斯家待嫁事，笑云精力充沛，若虛白似可納之，朱夫人笑云何以處我。蓋勝利時在上海曾有納英文程度佳者某大學學生之議，夫人不允，虛白興奮一次，已定局不再起意，今日講後觸其癢處，虛白乃議論一番。十時至俞家打牌至夜十一時，余負，拖虛白下水，虛白比余減三分之一。其另一腳為陶寄漚，其夫人亦來夜飯，今日余未飲酒。下午吃紅棗煨粥，如在家中先慈所製者，先慈給紅棗若干，必令小兒留同數之核於空碗碗底，恐其入肚，余食棗泫然，人皆不知。夜深歸，知黃麟書來訪，留一字條空軍新生社演黑風帕、桑園會、長板坡，送來戲票，余不之知未往。觀戲不較愈於打牌耶，余本小癮，今似已論兩吸膏，良足戒也。得梁慧義書，約廿七日來看我。

10月25日　晴兼霏雨，雨入夜開點

台灣光復節，適逢星期。晨候丁淑貞不至，十時參加警察及

民防部隊之檢閱，與浦逖生譚伊教陳以莊英文用特別快方法，熟練文法上各例而不用文法。又講季澤晉自南美入美事。又講伊父與狄子怡善，與郭驥談，驥云中央以為管立法院尚不足，而立法院以為已甚。余以破衣用舊布來補作喻，求伊得要贊成此說。與張默譚，默出壽總統詩。簡閱部隊都整齊，民防祇列代表，餘箬帽不制服者叢立廣場，以女子黑裙隊受人注意，默君遇女則喜。午同張壽賢，隨浦逖生至伊家飲威士忌三盃，浦夫人同飯。飯已歸寓熟睡，溧陽本家君毅來為搥背，同伊至陳炳源家。炳源昨與家銑賭，竟夜方睡，仍陪我至前巷 99 巷 35 號李友邦故園聽崑曲同期。嚴、吳兩太太及徐濟華均至，余幫唱定情同場。五時半雨中至俞家，同朱佩華、徐炎之夫人打十二圈。夜深雨甚得車回，丁淑貞不在家，憲英云與下女吵架。

　　林慎同附浦君車，語余云中華路鐵道兩邊棚戶不僅住宿問題，亦是生活問題，在中華路住有小生意好做，後車站並行線小棚戶，從前內地同胞未來時亦無之。

　　狄擎華二十三日信，云得香港同宗雙頂信，如能返滬，定訪畫三，面致余所寫便條，現正候入境證寄到。

10 月 26 日　晴熱

　　晨起，誤以為九句鐘，實八時。啜粥後至實踐堂聽洪蘭友國民大會報告，十二月中大概可補二百名。有人主先開臨時會，由立法院長召集討論副總統李宗仁之彈劾案，然後由總統召集第二次集會，余然之，王星州、張子揚亦以為然。散會，余至王豐谷取錢，備狄璉子人逸因白喉開刀之用。璉住三重鋪，環境不佳，白喉初起並無高熱，空軍醫院之喉科醫生適缺然無其人，故三朝不得知人逸所染何病，移台大醫院時食道下端胸之前已隆起，幸

得治。璉所不足為四百元，余給以二百，昨商憲英以炳源前晚贏得項下出一百元，憲英以炳前日輸，未能允出，可見自身不戮力為痛苦之本，實踐助人一守則之難也。余入中山堂和平室財預經交連合，為四十二年政府第二次追加預算，第二組審查，成篷一作主席，龐松舟報告。闃闃一室，更覺天熱，乃至記者之家為蘇松太定座。吳瑞生五日前得一子，今為營業主任，余勉以力圖上進。余既定座，電強恕中學鮑君囑發通知，歸而明信片通知已寄到，略嫌早些，精神則佳。

昨陳伯稼、仲經、瓊洲兄妹三人來訪，不獲晤面，留詩云：

一半先生鑒此書，我們同到問與居，
年餘不過尊齋裡，摸了門釘悵有餘。

下午睡得熟，三時至立法院聽關務署、稅務署、財政廳稅捐處為台北、基隆、高雄等處印花揭下重貼，貼不足額、漏貼共二千餘案，稅款漏約十九萬八千餘，廉價有七折、六折者，商人請支持議決不能成立議案。余仍主外國發票作為證明者不認是使用，可不貼以之抵抗第三者補貼。五時歸鄭家，同味經購得熟羅長衫一件祇四十元，可謂極便宜。飯後攜衫與鹹肉至梅蔭處，同出尋真善美觀緞子，索 120 元一碼。在春暉堂見張穀年畫總統旭日迎暉象，及于先生精神較飽滿之屏條。至姚志崇處吃文旦，中華旅社探俞士英、奚志全，六席一房，而志全蓄一小猊，呼為 Monkey，余不以為然。歸寓浴後乃睡，天氣熱。

10 月 27 日　晴

晨院會後，凌英貞貸余小款。陳志虞謂宋希尚夫人說余好

玩，宋夫人頗有德行，嵊縣人，讀書入新學堂甚早。又楊覺天云昨周賢頌頌余為人，余答周與余皆為張靜江先生部下。會場有王夢雲等不滿二十人簽名於程序委員會之處理議案有修正意見，主席為之徵求附議，王謂已簽名之人有未到場者，請發下簽足二十人簽足二十名者是也，議案形式不具備者發回使之具備為是。道藩語我中央決國民大會只開第二次會，不用臨時會方式，如何交代李宗仁彈劾案則未定。開兩次亦有小考慮，副總統既罷免了，在總統任期未滿前是否要選一副總統以具備國儲。余曰副總統之任期與總統同，總統改選有期，而選一任數個月之副總統，於法意不順，且總統缺位代理三月乃行政院長，非副總統乎。劉蘅靜語我訪尋人不到，謂之摸門釘，碰釘子亦是此意。十一時回，小臥，飯時得陶寄漚電話，請往俞家吃蟹。陶、俞在狀元樓前以二十元購蟹，余往食之，小而肥。良濟謂每遇好菜想到余，來同吃亦緣法也。三時入中央黨部工作會場，通過大陸工作之黨務及當前民眾運動方案。散會後，余同郭澄、宋晞修正文字至六時。余往廣州街，經貴陽街遇俞士英，余在鄭家飯後逗德欣玩。後至錢家，同兩王及探斗打麻將八圈，藕兮出觀電影，伊歸余始散，今日午後在俞家亦打四圈甚樂。晨丁淑貞來同食粥，侯佩尹亦在，淑貞移小房，辭女傭，送筱玲入託兒所，多加保母五十元星期六不領回，恐其歸家發瘧，自身則外食不舉火，云較為節省，不知能久長否也。辛學祥來信，招游新竹。鈕長耀來信，云已與夏伯祥商發蘇松太月會通知。

10 月 28 日　晴入晚雨

晨赴立法院追加預算審查會，到會者不多，余主推小組研究。出尋張百成，謂行政院指中本為民營，而審計部指為公營，

有薪高浪費之評，連日作答辯甚苦，同余飲檸檬一盃。余赴溫州街探蔣碧微，自中心歸，割出兩石褐色如巨骰，四黔小粒已碎，謂麻醉係打靜脈針，數至六而不之覺，膽囊縫好未取出，乃至重重縫好，故今尚須傴僂而行，挺直則不適。開刀費主刀二千，四助手五百，手術室五百，連其他約四千元，輸血兩千元，連房間共費萬餘金。碧微云余不能進食，開刀為快，初不知有膽石，此次詳細檢查始知之，余腹部儘有刀痕，在柏林割一次似為輸卵管病，在巴黎割盲腸，又曾上鍵子取第五女，並此次而四。余安慰一番而出，真是心上創痕，身上刀痕，亦太苦矣。余歸與同人飯，余加清湯肉羅卜極鮮，彭君加了淡菜之故。裴承藩、俞良濟來訪，招余往飯，余不往。候梁慧義來，伊囑為伊夫潘時雨謀汽車管理處事。余入中央黨部，知開會審查在明日，乃至良濟家，同朱虛白、李太太及裴、俞打四圈，得食雞湯麵一碗。六時自新生路穿鐵路至梅蔭處，姚太太已在，志崇、劉克寰、邱梁、吳保容夫婦來，同食菜飯，保容做咖啡冰淇淋尚香，惜冰未溶解。同紹先步歸，正飄雨點，歸寓浴身。小袁說今午肉湯好吃。

10月29日　晴

　　入立法院，為審查合作社所開支票亦得如銀錢業之票據交換，請願者台灣人一大群同事拉余坐下幫場子。余聽各種報告，日據時代已有信用合作社，台灣同胞樂於信用合作社，不樂銀行，並允如得准許，則當謹慎使用支票，決不濫用云云。余出至侯佩尹處，語以吳先生病重。至陳子仁處商請布置國父史跡紀念館，聞總統避壽往角板山，士林官邸正為某外賓將到重行布置植樹。余同子仁過柵往觀，柵內今為花圃，約三畝許，宜改為草坪，草皮鋪至樹下。進內正房今有兩所，一為石牆高樓，曾住外

賓，一為臨水池正屋，余前曾入內者。池水尚清，圍池花木點綴尚無不適之處，其重要為油加里一行，正是莊嚴，正屋之前正樹一旗桿。再入石切山壁一徑半圓，頗靜適。除此兩所外，三開間小屋無數，則為隨從所宿。余歸至梅蔭處，飯以餘菜，煮菠菜細粉為佳。飯後臥三時，余至圓園東記估衣莊觀皮衣，問有無中國舊材料，答言無之。余經北門至丸源飲檸檬水，入中央黨部為總裁生辰陳列書畫定合於展出否，僅一幀山水繪樹未合葉者，余主不及格。有誰見倭降一詞，首句頌云「功高堯舜邁三王」，志希亦允通故。時張道藩四處找余，余、志希、洪蘭友、余井塘同在黨史會斗室，商吳先生宜由國家出面辦喪事，而以平民讓大眾展覽，停靈最好在廣場或為學校。同入台大醫院數點存錢，封存遺囑，有一封真遺囑注曰活一天算一天至不存，乃拆，又有火化海葬之辦法一紙。余入病室與師執手晤對數分鐘，師尚能識余，手指微跳，余乃鄰室，諸人促余歸寫行述，以便報紙登載。余至秀武處飯，歸寓寫行實至十一時，洪蘭友送來材料。余中心悲慟，下筆澀滯，關於思想學術又難率爾摘要，悔不平日為之。夜請李芳華兄注意電話，幸無事。

10 月 30 日　晴

　　晨至立法院簽名，楊愷齡來送余材料，余寫稿至午，頭脹乃止。飯後至記者之家蘇松太月會，鈕長耀報告上海消息，盧小珠報告公共汽車加價，下期月同推凌英貞、盧小珠、孫仁。余至俞家夜飯，晤朱佩華，取衣歸復寫事略，愷齡來催，余寫畢即睡。

　　吳先生於十二時二十八分之後溘然長逝，余未得電話，不及送終。

10月31日　晴熱

　　晨先往中央黨部及立法院簽名，祝總裁六十七歲壽誕，中央第二會議廳陳文物，圖書館陳生產品。余入台大醫院七〇二室，揭吳先生衾哭之，留至十時半。至羅至希處，知事略在陶希聖處。余至第六組列席常會，陳次仲報告家屬意見後亦哭。十二時余歸飯。余至士林，與侯佩尹商里大學生輓稚師校長聯，云：

猶龍道喪；
植楷悲同。

　　三時歸醫院值班守靈，為錢慕尹輓云：

大道以天下為公，奕代勾吳彰讓德；
上壽為全民所仰，匡時元老不愁遺。

　　馬袁冰如、馮元賽、吳祥麟、則中、馬光啟妻皆在。六時余至劉蘅靜處飯，同仲經商輓聯，仲經為鈕先生輓吳先生一聯。八時至中央黨部，正值大放煙火，九時半治喪委員會開會，會成余一視陶希聖事略稿即歸。天熱，余洗身後即臥。鍾伯毅先生昨來尋我。

雜錄

宋希尚，和平東路一段 199 巷五弄四號，24193。

韓端元，西昌街 29 巷五號。

狄璉，三重鎮中興南路五十八號，自動電話 95112。

徐道鄰，南昌街一段 51 巷九號。

許祖烈（惟競），永康街 75 巷 14 號，電話二三九四三。

項蓉，新竹南區土地里平民巷四十八號。

丁溶清，長春路四號。

呂松盛，寶慶路五號歐亞旅運社。

吳靜蓀、章靜慧，杭州南路一段 131 巷十六號。

11月1日 雨

晨往送吳稚暉先生自台大醫院移靈實踐堂，以青白二色作疏落布置，頗為靜穆。十時回，候王雅來，同至士林一游，歸銀翼飯。飯後至靈堂，招呼入內瞻仰遺容之兵及學生。三時回臥，四時理髮，赴錢家還毛衣，王家吃煎餃，鄭家吃粥飯。六時至九時同張岳軍、吳鐵城、沈昌煥、唐縱值護。余為北大同學會作輓聯云：

學術道德為天下宗仰；
人豪師範峙開國典型。

又為留法比瑞同學會作輓聯云：

勤工儉學，移家就學，更設立海外大學，勵學為群，義由公創；
廢帝立民，抗日卓民，尤痛心赤匪禍民，拯民於溺，覺在人先。

十時尸體自花壇改上靈床，蓋以紗罩，移動尸體仍用絡尸布。九時後昌煥送余回寓，香港影人在寧園半夜飯，開弦唱戲，余浸浸入睡。

11月2日 雨，上午晴

晨大悲同侯佩尹來商祭師及同學會事，余同之出，林君立亦來訪，同至三陽春食點。余至中山堂紀念周任主席，嚴靜波報告。余讀總理遺囑與守則前文，有頓挫非苟焉而已，秦啟文如是評。另有一人說讀得清楚，余門齒已缺，舌尖長，發ㄓ、ㄕ音原不準確。禮畢返實踐堂，稚師已大殮入紅棺，罩以綢黨旗。余參

加立法院公祭及里昂中法大學同學會祭，劉大悲為同學主祭。余歸飯，飯後至王豐穀處領息，蒙伊贈我宋內府本吳皇象急就篇五冊，余至梅蔭處閱之，阻雨伊苦無女傭不能走動，余飲橘子水兩盃，橘子乃姚太太所贈。五時至鄭家飯，今日朱良良生日，鄭嫂因余而不往，余等吃得甚適。飯後因傷風余歸臥，召俞士英夫婦來解悶，請伊等往觀空軍新生社戲，戴綺霞法門寺、徐露金殿裝瘋。

11月3日　雨晴

余未赴院會，至靈堂照呼祭客。十時赴總統府月會，聽張茲闓國民所得及衣食住行各種消費報告。會散天正盛雨，張靜愚送余歸寓。余閱李濟國人科舉思想喜歡對對子，不注重醇粹科學，台大考數學、物理者極少，其說甚是。飯後就床不能成寐，乃至靈堂，站於吳先生棺側，馬光啟、俞勗成、吳同構、季炳辰同站成一排，洪蘭友來問何為，余曰最後一小時，陪陪老師。三時總裁來啟靈，殯走貴陽街、走介壽路，三軍球場方賽球，歡呼拍手，吳先生生前所謂一切狗屁，信乎其言之確。送殯者朝野幾傾，而路上不和諧如故，何時中華民族悉能了解不凌亂衝突，庶幾能行憲政也耶。至中央黨部向胖照一鞠躬謝遠送，胖照女親串以為神氣，實不及郎靜山老瘦露雙手一幀為有思想、有精神，既女親以為官樣者佳，以之上遺象車。朱騮先車送余往舒蘭街殯儀館及火葬場，已有休息室，余遇鄭亦同。余歸黨部，同羅志希商總理史跡紀念館事，不開幕怕不易得錢，開幕則豫算未定，不設主任懼無人拉總，設主任怕台中人不樂布置，志希精神亦疲。六時吳則中、陳次仲、馬光啟、宋晞與余商吳先生遺著及所藏文物收集事，次仲等到較遲，謂柩大柴多，塞不進爐，又費了一小

時。余至鄭家飯，飯後步行歸，傷風早臥，十一時起洗身，翻被覺乾燥，始得熟睡。

11 月 4 日　晴

傷風未愈，咳嗽多次。晨寫丁鼎丞與妻秦八十雙壽聯云：

著作優游，繩武詁言詮釋；
康疆靜好，齊眉日月升恆。

奚志全來幫寫對，吳亮言囑書淡泊寧靜及集禊帖一聯。白寶瑾引自由亞洲社社長海鹽徐基行來，請應討論外匯坐談會，余辭之，並勸登載宜求合理。十時至開南商校禮堂應于院長招祝丁先生壽，丁先生以十一時偕秦夫人來，同攝影，余飲酒兩盃並食龍蝦片。會散余至裝甲兵團禮堂簽名，乃歸飯，秦啟文加菜廿五元，自不經與，廚房給火腿皮骨湯，了無意味。飯後至梅蔭處睡，同姚志崇至中華書局，余向孟益處取存單，中本丁君處取存單，立法院取薪，乃至中央黨部送款償欠清帳。到醫務室取藥，宋旭軒處商事，乃回梅蔭處。至陸京士家晤京士夫人，方為京士擔保借款二十萬須賠發愁。飯後余自陳家至秀武處，小坐乃歸，天氣悶，室內熱，室外寒，教人易於傷風。今日余至孟朝楨家小坐，在上海路二衖東嶽廟側交通部宿舍，房三鋪潮濕，竈連客座，座後為廁、為浴室。三孩女男女，最幼者八歲，孟夫人去年病開刀費千元，艱於營養，面色不轉正色。孟頌葉楚傖先生德再三，朝楨字傳楹，為亞聖裔，初次國民代表係楚傖先生電韓復榘，二次當選為第一屆國民代表係丁先生說定。

11月5日　晴

晨作輓谷紀常詩云：

中山路上夜行遲，昆季肩隨度歲時，
常願谷家荊樹好，颱風狂亂折高枝。

上詩書就，赴殯儀館行禮，適總統來祭。正綱、正鼎係紀常胞弟，皮以書為弟媳，故弔客特多，女客更齊。紀常患胃癌，願開刀解除痛苦，省得友朋來探問，未奏刀而卒。鄰室停金銘良，係書三弟之同業，余亦往弔，亦患癌症，開刀三次仍不救。余見張穀年及居小姐等，李翊民欲與余譚話，未能尋覓得。出，於中山北路與丁治磐同行至省政府。余至俞家，○路車改停大安橋，余自橫巷走入，飲古古及茶，良濟提書送至杭州南路，得車返飯，雞油肉紅爛無新鮮味。飯後稍臥，宋旭軒、諶忠幹來候余往陽明山吳先生寓所，取宇、宙、洪三箱歷史、檔風板及重慶入防空洞所提袋。則中、光啟、福興、凌海等先在，則中叫余浴，浴了一缸石灰，蓋久不用則澄澱多。回城，於五條通吳先生宿房取十三箱，箱皆無瑣，衣及食物不取。食物有麥片一箱及大罐阿華丁，余主分送親串。五時半回中央黨部結束治喪會，余略報告收集箱子情形。海葬張岳軍報告總裁，總裁允可，余亦發言贊成，今年十一月或明年三、四月可舉行，候常會決定。喪費共用三萬餘。余至秀武處與楊、徐同飯，飯後打八圈，十時乃返。

吳先生客室懸遺象，有供桌，房之最後為續新臥室，有兩間一廊，廚懸伊母像，母為雪堰橋有文名□□□女。

得焦易堂哀思錄，載余輓聯云；

澎臺柱國餘忠憤；

秦隴間關失異人。

11 月 6 日　晴

　　晨周春星來，擬換購打絨線機器，商借六百元，余無以應。同出尋梅龍鎮及大同擬同進點，皆未開堂。余購燒餅，至中華書局食粥，同兩孫、陳、吳說笑。余謂台北謀事不得，售舊物不出，借錢不著，而物價日貴，人民苦也。至立法院，為嚴廷颺等指耕者有其田施行條例及手冊有十二點不合，行政院長陳誠、副張厲生、內政部長黃季陸、台灣省政府主席俞鴻鈞均來院列席。誠說明當謀補救，望寬以時日，審查從緩。又李文齋質詢奄美大島，外交部幫辦王之珍據日本地圖云是屬於鹿耳島不屬琉球，外交部長葉公超來院答覆。又審計部發機印件解釋對束雲章一封公開的信，雍興公司為中國銀行所轉投資事業，內有豫豐紗廠股本百分之六‧〇六，審計部總決算內列改進意見，認為中行附屬事業不盡為民營事業，主張雍興向豫豐租用紗機依約修理事應歸豫豐負擔，雍興又隱匿盈餘，予職員以較中紡公司較高之待遇，束先生雖不領中紡公司董事長車馬費，而於車馬費內公私開支約六千元。余語張院長道藩、郭登敖及杜光塤，謂束之提倡及致力紡織業有助於民生，與之斤斤細算易使灰心。張承櫺與中紡公司因駐審建屋問題，公司中認為利用職權，不免苛擾。束之視張不甚居公，猶張之指束，雙方皆以印刷件分送，則立法院於立法之外，又須為雙方理曲直。至雍興與中本是民營抑係轉投資，黨政關係會議應為論定，不能任行政院謂是民營，審計部視同國營也。又云立法院多理節外生枝之事，必有妨其他重要案件，某君曰重要案件不讓說，故趨於歧途。余歸，在冷攤得一九三一

Henry Huizinga 在上海刊行之英文世界名劇選，歸途同台灣廚徒
到永樂購膏蟹不得，乃至俞家飯，同俞夫婦及裴夫人、朱虛白打
牌，至夜深始歸，不能成寐。

11月7日　晴

　　晨黃仲翔以余遭稚暉先生之喪，必然悲痛，特來候余，余與
暢談。十時彭廚得永樂菜場所送膏蟹五隻，余提至俞家蒸食，飯
後急回。二時至美而廉開中法比瑞同學會，李石曾先生當選為理
事長，林君立、李萬居、謝壽康當選常務理事，謝徵甫當選為監
常，林君立、李宗侗為祕書，余為司庫，林炳康為名譽理事。余候
商文立寫新聞稿之後，赴中央社晤王家楲，請發新聞稿，參觀新造
過家樓及文字傳真機。余致馬尼拉戴愧生、王泉笙，問三中全會
能來否，得覆此次不擬前來。余至朱鍾祺家飯，打牌四圈，讓與
別人。至徐香英家小坐，得日本寄來蘋果及梨，皆 Kobe 出品。

11月8日　晴，草山微雨

　　晨丁淑貞敲門，未幾侯佩尹來，又未幾談龍濱夫婦攜女來，
同車赴同慶樓炒麵、白菜湯及包子。余與侯、丁坐八時許車赴陽
明山，先繞中正公園，在饅頭山麓，溪水流成小瀑，惜疊石太
呆。至國際旅館後下琉璜澗，度危石，上新民路，至路底觀松羔
雞雛。出赴後草山，中途遇錢詩亮車，邀同載入後園，立於張岳
軍寓前綠苔上。出購金橘，入空軍新社浴飲飯休，望淡水極清
楚。二時回台北，入廈門街 131 巷六號交通會參加崑曲同期，聽
佳期、勸農，唐慶厚向余借訴魁曲譜，余忘帶去，改唱別母，余
聽初以為打車大體尚可，而張正鵬等不以為合。下期沈元雙擬唱
思凡，而徐炎之嫌笛重，上次汪經昌獨任召集，亦蒙受許多批

評。同期同期，心思不齊。出至朱敎春寓打十二圈，余得十圓乃歸。今日郁元英補少年游從九宮譜引子，經昌云散曲不宜單譜一引子。

11月9日　晴

晨朱佩蘭來述立法院招呼飯食不易，余云因公遭責備，當念對方動機亦是忠款，不必介懷。余至實踐堂，聽謝東閔述日人重現實無遠見，有行政人才無政治家，本質是一事，現象又為一事各說。說戰後繁榮而實際貧富懸殊，平民福利不及西德。說女子出賣青春，但出賣為的是家庭生計、兄弟姊妹之教育，而自身亦極用功讀書。說得甚好，余約伊到蘇松太來講日本婦女。會散，余至中央日報投紀念居先生逝世兩周廣告，晤唐代社長。出至立法院，立監國大代歡迎美國副總統尼格孫，于先生主席，各黨各派人亦列出。回寓飯，飯後臥，二時至貴陽街同陳次仲、吳則中、馬光啟整理吳先生卷箱，第一包為國語字母各件。三時至中央黨部出席業務會議，余代謝東閔任主席，散會同沈裕民談。至梅蔭處，伊購得扁豆，又語余孫伯顏前晚被傳，至今未釋。余至鄭家飯，飯後歸浴即睡。

11月10日　雨，寒風

晨院會，余欲於反共抗俄獎敘條例有從寬之論，商張子揚，未發言，既出院悔之。晨十一時至中本後，即在梅蔭處飯，肝油扁豆筍絲、百叶豆腐羹均好。飯後略睡，歸晤梁慧義，為其夫介紹請潘其武照顧，並勸伊赴婦科醫院診病。致潘信時並託釋出孫伯顏，伯顏於七日夜被保安司令部傳訊。余至雷家，孝實昨生日，赴碧潭泛舟、北投休沐，望之為壺碟會累倦。余至鄭家飯，

飯後同宋晞貴陽街中信樓整理朏師藏褚民誼、李石曾、汪精衛、胡漢民來札，以胡漢民勸吳師助唐賞虞辦教育為最誠懇。吳師所藏，一名片一請帖均不漏，真有心哉。十時雨中張蓋返，移箱時撞破膝蓋油皮，夜睡尚穩。天寒，念無衣者及受禁者。

11月11日　晴

晨陳嘉猷來為姚志崇約午膳，余赴史跡紀念館觀植樹及布置史料，遇郎靜山、陳國榮等。到立法院聽張承椇油輪案報告，眾頗注目。飯時至中華書局，圖書館劉及北大同學□□□君、吳祥麟亦來，以加里雞及蒸蛋為佳，盡大瓶高粱一瓶。余尋丁溶清，溶清送去歸臥，臥起再至史跡館，晤中華日報記者及羅志希。出候車，遇人贈票，上車遇丁淑貞。至牯嶺街十巷三號（二二四二六電話）陳江（東阜）家，許丙、周靜齋、花蓮博愛街王苔濱、陳原紅、女子王碧琴（安東街416號）、馮英美、陳惠閔（台北南昌街一段三十一巷四號，夫張邦傑）同座，吃大沙鍋呂宋湯、魷魚、烏魚子一，許丙亦在。陳原洪為王苔濱訴花蓮中華影戲院優先承包事，台灣電影公司總務陳某不認已繳之七千二百元，而主包給別人，王等受地震災頗重。陳江又談余祥琴妻溫州人，父為漢奸縣長，余及妻均工小殷勤。湯恩伯娶錢無錫人，湯之左袒余，王新衡亦受小殷勤，助余為侵沒接收盛家珠寶案，先判十五年，後改八年，關一年得釋出，余為上海無賴律師云云。許丙車送余回。

11月12日　晴

晨八時總統府舉行國父誕辰紀念會，王世杰主席，羅志希報告。羅慢步上台，緊對麥克風講話。余與天放謂一個跳上去就說

之青年，今為考試院副院長便凝重若是，真大變也。余並與天放講狄榮芝大夏學籍證明事，榮芝今晨曾到寧園尋余。出同孔達生至松鶴樓吃燒賣，至史跡館迎賓，莫紀彭云藏有吳先生早歲手跡甚多。中午余請孔達生、陳伯稼、仲經及俞良濟於山西餐樓，粉鱔及兩做鯉魚均可，盡 VO 一瓶。余至良濟家，發勒子二付一清一渾，雷孝實送余上陽明山。余至宿舍與楊佛士、徐鍾佩、王雋英逗笑，開會張厲生讀政治報告，余懶聽且無所取。走至福壽橋下帽簷別業李翼中所住房，擬入浴，鐵泉門標著園亦租與洋人，不得入浴，翼中亦益窮哉。上公共汽車，遇湯君夫婦讓坐，為購票，至俞家打牌至十二時乃返。佛士說家銑擬為余六十壽冊，余止之。

11 月 13 日　晴，草山屢雨

晨赴車站遇王介民，余購包子食之。購八時一刻車，遇鄧傑伊，語我阜寧有二萬人在台灣，及顧希平不聽伊勸與丁治磐反對，予智自雄，太顧自己利益，今判八年，在執行中。抵車站，小雨初過，流水及樹色均有足觀。入第一組審查，予主國民大會不設黨團，婦女工作會在中央系統表應提前指導會議，與其他組會較似太特殊。中央收入困難，支出繁多，明年度如何度過宜早設計，黨關於政治問題尚未拉總等等。詞畢在第三宿舍大池浴，浴後與諶忠幹同志等談天。午時同朱耀祖、熊惠民、徐詠平等下服務所，飲四瓶小高粱，酒菜以甩水為最壞。下山至佩尹處休息至四時，至雷家打小牌，至十時祇負五元。

11 月 14 日　晴，陽明山雨及霏雨，偶見日月

昨戴天仇贈餅乾及罐頭肉，今晨同伊妻來訪，自昆明、南京

相晤離別已久。天仇支塘人，來台北住袁永錫處，永錫妻病精神
未愈，戴為領養一孩。余欲赴草山，匆匆與別。丁淑貞來，同坐
車購燒餅，余至中央黨部坐公共汽車，為須至僑園候人，車向北
投，經石灰坳頂北投第二、第一展望亭，而至陽明山莊。晨間討
論議案，張道藩主席，中央委員舉手表決，向空畫諾而已。十二
時余至飯堂同李震東對飯，伊於民國十四年在北平留學豫備校初
識稚暉先生。余飯後入議場，方討論國民大會案所決凡五六端。
余於彈劾案不由立法院長召集臨時會表示反對：（一）謂憲法對
補選及彈劾案由國民大會臨時會，由立法院長召集具有意義，既
依法成立彈劾案，已送至立法院長階段，而國民大會人數已足，
忽又不遵依憲法，非尊重制度慎誠行憲之道，且召集之並不難且
亦不費，國民黨於造次顛沛之際示人以步驟較亂，非計之得。主
席徵附議，無附議者，列席人員多以為無附議權，且於既內定事
項都不願作聲，余心坦然。飯散，就交通組臥，臥起天大雨如
注，觀人玩軍棋。三時總裁主席，讀致敬慰電，昨有石君囑改電
文，余為去其形容過甚者，及開讀仍原文，余亦不校。閉幕張希
文、趙文藝分讀總裁所補民生主義育篇，于先生指為回大陸之珍
貴禮物，謂宜實踐。六時聚餐，總裁以精神頹落為黨員慮，謂負
責、合作、實踐三者請大家注意。又云小事不說，大事必出，每
星期一見之員乃不告我以何者不宜、何人不善、何事不可，多所
隱瞞，及余發現，有時補救無及。余聞言心極悲痛，聞幕前一
日，總裁曾因憤怒擲碎茶盃，一隻連二，水濺上衣，不知何為。
今日蟬聯前屆常務委員，初言決定蟬聯，繼言可以討論，其中吳
國楨在美國，余欲舉出言之，眾無言之者。余問張曉峯，曉峯昨
曾擬易之，今晨則決仍舊，總裁蓋考慮及之。夜飯後陶一珊邀余
觀小組會議示範電影，張曉峯在余後，三次邀余作文寫述吳先

生，謂吳先生小言小舉動幽默，含義津永，關係以君為密，君不宜不作文章，有時須逼出來，余殊感其意誠。又言總裁作文，寫定大綱尋材料，然後自講，召人筆記，改而又改，乃定稿，凡精到處幾皆自寫。余讀育篇論鰥寡孤獨、論家庭破碎、論疾病殘廢皆精到。總裁又自介紹結論以三世大同為建設最高理想，于先生謂清末公羊家主尊王定分，至總理舉禮運，張至治為民、天下為公之說。總裁又百忙中補總理所缺為本黨策全功，亦作真話。其他決議洋洋大篇，不獨不檢討既往，此次又說得再算頌揚現實。余之政治拉總收支慎重之建議，自在黨務報告決議案中一字不提也。余今日曾為陳□岳、戴天仇向林彬提，孫伯顏向毛人鳳提，公營與轉投資向嚴晴波、陳慶瑜、翁之鏞提。嚴曰轉投資限於有關之附屬事業，資本定一百分比之算法，至某限方認是公營。翁曰銀行根本不能投資於事業，嚴又所得稅法，任憑討論。

　　歸寓得丁鼎丞先生贈詁雅堂叢書之二毛詩韻聿一冊，先生父丁竹筠著毛詩正韻四卷闡明毛詩無字不韻之意義，丁先生繼起鑽研，釐為六例：介錯韻、交錯韻、遞轉韻、連續遞轉運、交錯轉運、雙聲通讀韻。

11 月 15 日　晴燠，夜雨

　　晨侯佩尹、丁淑貞來食粥已，同赴新店車，下車至包家，新建屋兩房兩廳，尚未出租與人。余尋陳芙生，電療後略愈，云月底參加同鄉會，余慰阻之。入羅大固家，同大固下竹屋，主人□文夫極有經緯，治屋若船，後稍尤精，瓦柱牆皆用竹，佩尹為擇門向下。中船船夫為文山中學生，余船休於壁陰，有雙雙進食者，有獨自閱書者。余船過和美，至滿天星處乃回至包家，飲窨藥酒，進腐屑、香鈴兒、豆酥皆美，燒素及燻魚過鹹。飯後余同

淑貞探李志伊夫人家，□病皮膚發炎，似服藥中毒。出怕天雨，急乘車回，佩尹景美下車尋王平陵，淑貞金門街下車。余至錢家略臥，忽不樂留賭，走長安路尋瞿梅蔭，蔭出，陳嘉猷留守。余等飲茶後，至中華書局閱生活雜誌英女皇加冕各圖、世界名人簡傳、科學家簡傳。留飯，飯後走霏雨，入中華旅社尋奚志全，女侍言已遷出，不知飄轉何所也。羅淦青來訪未遇。

11 月 16 日　晴

晨赴實踐堂，聽新嘉坡中興日報陳同志講保華協會在國民黨停止活動後，先得發行彩票權，得利之後辦福利事業，後改為政治團體，使子弟參加檢查隊伍，得制共黨，但被殺者計二百餘人，中興日報已四十餘人，陳嘉賡來為共匪推銷公債，亦破壞之未成。近擬辦南洋大學，已有福建會館捐地，但因橡膠價跌，華僑虧本，不易進行，中興日報亦虧四十餘萬，擬獲得台糖承銷權獲利以資彌補，而台糖不願，詞甚氣憤。余方知前星期五雷孝實與辯者是此公，雷孝實亦生氣也。紀念周既散，余赴鄭家，得知璜涇人有張炳生夫婦織綢在土城，言陸養吾及早被殺，炳生曾勸劍華出來，劍華未允，其出行路條係假造，共造五張，自用一張，另有一人得出，其餘未生效力。余同味經走估衣攤，得洋布被單一條。回寓休飯，飯後略睡，至丁溶清處贈餅干及肉罐頭，同至中央日報登廣告，丸源飲檸檬水。余至社會服務處參加中國勞工發行三年，郭澄主席，狄介先為總幹，摸彩余得日記一本，贈朱敤春子，羊毛衫一件、精鹽一罐贈瞿梅蔭。在梅蔭處飲花旗橘水。越鐵路至史跡館，同許師慎至錦江，史跡館宴青年反共救國團總團部胡軌、基華建築、郎靜山攝影師、油畫師、鉛畫師、報館記者共三桌，蓋酬勞宴也，台中工作同志亦將歸去。宴罷余

至一女中禮堂，觀京劇古城會及木蘭從軍，遇李中襄夫婦及其長女。十時半歸浴，枕上閱暢流，王壯為印話說田黃、梁在平記日本宮城道雄彈箏及田邊尚雄藏中國音樂諸集。

11月17日　晴

晨黃仲翔來，希望得三中全會好消息。同余出至沅陵街食燒餅，遇黎子通夫人，拉其同食，並為購南京板鴨贈之。入立法院，余主反共抗俄立功人員獎敘宜從寬，不一定與戰地軍政有關，宜用考試院原條文曰有其他貢獻者，且不必加重大，以與下文普通功績相合，最好第二條省去不加限制。結果刪去及用原文皆附議人數不足，祇通過審查修正案。余出至中本，張百成不在，回寓。寓中有蘿卜燒肉，而俞良濟來邀吃鯽魚湯，余往則王節如、楊孟瑤、宗彩同桌。余攜節如愛食之龍門居燻腸，楊孟瑤著援厓勒馬，得稿費及獎金一萬五千餘元，囑存一萬三千於中本。飯後小睡後，同良濟往存款，寫趙志堯母陳輓言。出，於飄雨中至錢家晤十嚴丈送小說，張旄、郁佩芳均不在。至朱盧白家，已赴鄰居劉哲子同盧小珠打牌，其夫人潘正畫牡丹。歸俞家飲紅茶、咖啡，至鄭家飯，林德欣始不怕我，擊余腹爬余身上。至貴陽街中信樓，枯坐一時半無人來，不能作檢查工作。今晨陳次仲云吳先生遺件有吳氏宗親應保存者，有常州足珍者，有江蘇應陳列者，應分別登帳，候審查後分撥。

11月18日　雨

晨候俞良濟來，已近十時，赴趙志堯母陳弔喪，花圈凋於雨庭，幛軸塞滿祭堂，幸有禮箋，得以省費。出赴山西館問周廚已到否，吃鱔魚刀削麵不佳，仍吃軟斗帶粉，飲啤酒。出至中華書

局、中華毛紡廠尋錢存放，兩處皆留飯未允。回寓，張壽賢請越南僑領，而僑領已行，乃約紀律會同人共享，正在尋余。余略飲高粱酒，酒欠醇，菜除黃芽白以外，味均平常。飯後至梅蔭處臥，姚志崇夫婦、孫伯顏嫂攜小七來。余候嘉猷回，得傘至四條通陸京士家，京士夫婦不在，蔣媽留飯，吃燉臭豆腐干，未婚長媳徐正攜衣送外板橋中本廠中，幼子正候其女友吳則中女來，余飲白蘭地甚暢。歸陳家，飯肝油扁豆，扁豆過爛，餘為糟燒排骨及豆瓣雜燴湯。夜飯畢乃歸，孫嫂囑保釋伯顏。

11月19日　雨

　　晨赴業務會議，於討論預算外收支、補助費統一、印刷青年叢書、審閱工作報告，余皆主攬總之重要，李士英附議，討論情形尚好。散會，聞吳鐵城先生心藏停，即往。至內室，先生側臥，眼微張，自五時起呼吸困難，姑斷為八時卒，俞鴻鈞、馬超俊、張震西、李大超皆哭。余與蘭友談，蘭友謂國民大會事一委於蘭，張曉峯謂如三中全會無不可解之事。余又問今日王雪艇免職當否，余深懼，免職事甚少見，偶一為之，或陷於不當也。李士英語我王之免職與陳納德接收兩航公司留港之飛機案有關，張壽賢擲茶盃也為此案，茶盃自向嚴靜波擲者。據曰王云此案係經總統批准，總裁則云蒙蔽三中全會，請客所說者是外間傳民航贈各要人美金津貼。又云尼克孫來告電匯美國美金五十萬為公乎，抑為私乎。十八日晚小組會議，陳慶瑜報告此案，余未聽見，余想決不有賄財等事。余至俞家酒飯，飯後同盧白、李崇年夫婦、裴承藩打八圈。至秀武處飯，同秀武至寧園取牌籌余，與之打論番者六圈，廚人劉德新勝。中間余曾出席吳氏治喪委員會，張岳軍主席，云吳子祥及原配可來奔喪。天雨，余等打牌至夜深一

時，余睡榻榻米掛帳。

11月20日　晴兼雨，夜圓月霏雨

晨寫輓吳鐵城聯：

老來臨又切時憂，瘝口告人應伸黨義；
大氣魄亦矜小節，真誠勗我永勒心銘。

又為蕭同枝代作輓聯云：

大人豪幸獲肩隨，開濟不愁身困厄；
天下事何堪回首，河山幾處手經營。

赴立院會，今日因中山堂修理，改在光復廳開會，用文山中學空襲預備椅。楊毓生來捉余赴中央黨部工作會議，並促報告國父史跡紀念館尚少四萬九千元。余遇陳慶瑜，商款有允意，羅志希來，又與陳商寫條與張曉峯請俞鴻鈞撥款，不必報告。志希云請款若討飯，情宜倦勤，一切請余多出力，余慰之。志希又云維吾爾人請稱維不稱回，田炯錦請為新疆各族與蒙藏各成立一反共救國會，新疆乃行省信回教，與蒙藏自不同也。余出購輓對，飯後孫仁來為磨墨書之。仁出伯修書及孫禮書，今年旱及颱風，米棉收入極少，諸家改種蔬菜，肥料甕貴，菜亦售不出去，有船者裝至遠處求售，售不出以之餵牛羊，故鄉間極慘。余至立法院坐成會議之後，至殯儀館遇汪公紀、劉光斗、孫芹池、徐桴等。余至俞良濟家飯，先同雷孝實飲冰白蘭地，蝦餅侑酒。飯後月出仍雨，原擬訪樓桐蓀因而中止，余歸浴後即睡。

11月21日　晴

丁淑貞清晨即來，同往陳太太處，鄰居尚未起，而嘉猷已出，約丁下午再去看。余與丁赴三六九麵，燉雞湯微腥，出往西門町尋適宜電影，無時間相合者。余入立法院，為新營豐原為請分撥消費魚市場贏餘為鄉鎮經費收入，眾主不能成立議案。余復往預算第三組，聽龐松舟報告文武加薪案。余歸，得方冀達電話招往飯，余至廈門街 104 巷，付三輪車錢遺失新台幣五十元。方因選舉在即，置酒一桌宴轎夫，至十二時眾客尚未到。余辭出，在巷遇謝承炳，至樓桐孫家飯，桐孫方自殯儀館回。余往殯儀館治喪委員照料喪事，洪蘭友已先在，薛伯陵未至，晤重慶上清花園同事甚多，鐵老能用人又能容人，感人深也。何雪竹、呂咸來弔，坐大椅久之。三時吳子祥及鐵老適妻□□□來，見遺象跪哭，對遺體大哭，有孫女約十歲者亦大哭。張岳軍、何應欽、李大超、馬超俊妻擁之出入，余亦為落淚。三時搭張靜愚車至怨園，四時入中心診所，與俞俊民同進古古茶與布丁，周達三將赴暹羅曼谷長子處就養，余約俊民同餞行。余同淑入植物園，遇一青少年乞討一元。六時在瀟湘飯，有魚尚鮮，余書招牌並不點燈，但生意尚過得去。飯後走同安街口與淑別，余至豐谷處書「台灣啟明書局」及「文華造紙廠」市招小中堂兩紙，攜贐墨一瓶回。遇王君，謂國防委員會在台灣者不滿三十人。

居覺生先生逝世二週年紀念啟事

本月廿三日為居覺生先生逝世二週年紀念，是日上午十時假善導寺舉行紀念儀式，謹通知覺生先生生前諸友好。

【編註：本啟事刊登於《中央日報》，1953.11.21、1953.11.23，
　　　　第一版；《台灣新生報》，1953.11.22，第一版。】

11 月 22 日　晴

　　晨辛學祥未婚妻韓清□攜橘及香蕉來，王雅囑為謀事，韓助余寫對。侯佩尹來，欲購辭源，余引往啟明葉銘功處轉覓。余至殯儀館祭吳鐵城，參與治喪會及黨部公祭，總裁長袍馬褂主祭。余遇許靜芝，謂免王一案希望報紙雜誌莫亂登攻辯之詞，余與黃少谷言之，少谷云已有準備，余再與沈昌煥言之，羅志希謂張曉峯已奉命安慰雪艇。余至廈門街候丁淑貞，坐三輪車至枋寮，自溪州至枋正在修路，在黃家飯，飲桂圓酒，吃清蒸白菜。飯後回寓小休，至樂露春為楊人俊娶淮陰任志遠演說，即至重慶南路二段六巷臺銀幼稚園崑曲同期。沈元霜思凡忘帶裙子，王節如崑，穎若館主武家坡，徐柏園夫人鬚生，高華吹腔一段填空，沈演出於重要處失拍且小動作均無，徐炎之怒目而拉二胡，沈真討苦吃。余同汪經昌穿植物園至和平西路，余至鄭家飯，晤張炳生夫婦，炳生城內住飛雲橋東，妻倪氏，馮家橋鮎魚廟倪家灣人。聽趙洪泉說璜涇事，知馮壯公及飛弟被戮。飯後打牌四圈，讓給鄭明，余步行返寓，鄭明今夜可勝。

11 月 23 日　晴

　　晨起身後，楊毓生先來商四萬九千元，請余更商財委會撥發。丁淑貞提夏衣箱一隻上樓寄余處，面紅耳赤。余送丁往台銀後至善導寺，門遇許師慎，伊設法在中央日報封面登一小新聞，為居二周年行禮可沿至下午四時。張懷老乘三輪，攜自寫布輓聯至：

□□□□，□□□□；

邈焉雲漢，忽忽兩年。

　　余為招呼客人，十時到者甚多，王亮老主祭，于右任亦率監察院同人公祭一次，此外為淡江英專等團體。余入立法院第三組，正聽賀君山說明保鑣委員與衝鋒委員均集，人頭滿院，成逢一坐於門首。余歸飯，下午略睡，聽金司長、汪參事報告工廠財團抵押法起草經過。五時至鄭家，鄭明昨天贏四百碼子，余與計算，余當得一百元新台幣，實則總收到僅六十二元。余同味經繞估衣攤一周無所得，每攤洋裝充足，疑當鋪以衣攤為尾閭，情如上海閘路也。明、怡今日均未上工，鄭嫂為朱、林兩外孫所累，昨請客，今吃餛飩，吃得人甚多且香，費錢不多，但愁錢無來處，正已入困境也。余歸寓後早睡，閱日人元曲選釋。

居正逝世二週年祭

〔本報訊〕今天是故中央評議委員居正先生逝世二週年祭辰，居氏家屬暨友好定今晨十時起至下午四時止，在中正東路善導寺超薦悼念亡者。

《中央日報》，1953.11.23，第一版。

11月24日　晴熱

　　晨得孫仁寄來蘇松太通知（第三十四次），因作書謝東閔、徐鍾珮、凌英貞、盧小珠，並約顏肇省、陳江、七娘娘、陸望之、李愍寶到會。雷家正在大修葺，余約停星期五飯。赴立法院途中遇立院同事曲直生，言余無所求乃壽徵，余謂壽與名亦在卻謝之列。入院在光復廳，楊覺天、李文齋題奄美島為琉球屬，不能任美國送與日本，道藩勸先提黨決，楊爭之，會場如一鬨之市，細聽亦不清。余隨寶子進、鄧公玄至美而廉咖啡，極平常。出至孟益處大解解衣，今日數次暢便。余至俞良濟家，俞夫人招呼余古古茶及牛肉餃，余食之至悶。余約良濟星五晚，不約雷孝實、徐道鄰餞行，則約徐太太、朱虛白牌。十二時半余應馮正忠航業俱樂部飯，徐柏園、丁培然、王蓬，王蓬新自韓國返，謂韓

政治清明尚遠。飯後王新衡車送汪寶瑄過川漏橋，成舍我至永康街，姜紹謨前巷十三號，延國符至泉州街，余至梅蔭處睡。馮宴又有李萬居、周兆棠、樓桐孫，桐孫講 Chale Gide，講法國男女祇戀愛而不生育，為討便宜之至，萬居允於館前街一號為法比瑞同學會通信處。余臥後至陸家，正闢地建一房一廳，為長子娶婦用。余至善導寺為盧滇生周年，居士及僧眾方唸轉世經。胡秋原云共黨表示殘殺之外為下流，我乃離開本鄉至岳州，家眷一部分入北京再南下，無盤問者，逃難應逃在前或逃在後，正逃在亂時易生意外。又云共黨如不起韓戰，台灣休矣，台灣早休則香港夕休，將逃至菲律濱抑沖繩島乎，沖繩颶風，菲將厄於流氓，則等死耳。又云圖魯門如遲三日應韓戰，則亦極危。余等齋後乃散，盧妾已將書款購一住宅，今特謝余。余歸，得劉大悲同學會各件。

前日余譽吳鐵城能容人，並曰儘管所容一半是假亦不易得，張懷久先生曰久假而不歸，安知其非固有，在物則然，在精神更可認為自有。此次王世杰免職未申其罪過，或曰行政院事而總統問之，故不能申罪也，或曰一舉而失九經敬大臣、體群臣二義。余因內容不明，未作論辨，但想我總統必考慮及之。

11 月 25 日　晴雨

昨晚腹瀉五次，疑蟹及加里牛肉作祟，徐柏園戒余少吃蟹為佳，楊毓生來為余送藥。晨間余至黃錢馨斯家，張小姐抱曰昉四月女來，比前加胖。馨為余量三十六度七，熱度正常，余喝素湯一碗乃歸。下午三時謝次彭、李萬居、林君立、商文立集寧園，商留法比瑞開會幾一月分分配人職各事。會後赴館前街一號李萬居謂可為通信處之處，荒場平屋，觀瞻不足，開會亦有問題。余

至梅蔭處飯，自陸家得臭豆腐干，此外摟蓬蒿、薺菜豆腐、鹹豬腳、黃豆均美，余慎食，飯後即回臥。日間服藥一次，瀉止，惟覺氣急，夜睡甚佳。

11月26日　晴

　　晨丁淑貞來同粥，怕小偷，兩夜不得好睡。余出席業務會議，副主任往綜合視導，到者不多。討論張齊參加羅福星案請求任事，余主交省政府表揚，酌予救濟。今日又有青年黨部提青年疾病救濟援用年老救濟辦法，余主另籌基金辦理。余入光復廳，十八小組得票選方英達為黨部委員，熱亂有如交易所中。余至孟益處取衣褲，隨邱梁至中華書局飯，姚太太煮魚頭甚佳。飯後三輪車送回，得安臥。狄順康來送日本蘋果，每隻美金一角，甚譽日本工業、造船工業、港灣及速率，我國用舊船，至日本須七日，領港需用二人亦因船行太慢，故在不景氣狀況中損失更巨。余出至良濟家，同良濟夫人講家常、吃蘋果。走臨沂街散步，入張穀年畫室，有于右任先生象一幅。穀年曾因床近窗口，為小偷架自行車偷去臥被兩條。門前有二椰、一聖誕花、一松，惟松樹無姿態。余至秀武處飯，將前日小欠還伊及王培禮，又打八圈。觀董其昌帖一回乃返。

　　今日報載總統免王世杰令，為矇混舞弊，不盡職守。

11月27日　晴

　　晨憲英同擎華來，擎華聞羅東農業試驗所有委員技士缺，擬棄教員為研究工作，囑余致書毛雛（□蓀）介紹。楊人俊來，住永康街十三巷五號，約明晚陸軍總司令部戰友廳五時半夜飯。余同憲英在大同廣東點，憲英幼女戀寧樓不肯下，得拆燒包始樂。

余至工作會議，正商中央黨部編制，余謂黨史會須有能動筆寫歷史者十人，始有成史希望，今則祇能典藏，又編制在中央另定，則考績案須得中央核定。此外又商胡希汾撥史跡紀念館追加四萬九之三萬元，財委會訾預算不正確，事業費有餘多，祇允增加一萬元，其二萬則在十一月十二月事業費扣支，羅志希不願。余從中斡旋，商增加二萬，事業費中扣支一萬。十時半至立法院，方英達當選為立法委員黨部，謝余投票。場中正爭奄美群島，院長如演草臺戲，聲嘶力竭。余歸飯，飯後略臥，同孫仁同赴蘇松太第三十四次月會，凌英貞、徐鍾珮、盧小珠、方英達、李愍寶均到，謝東閔講日本文化之由來及戰後之進步，及婦女問題，耐勞求知，雖賣淫婦尚如此。次徐鍾珮講英國配給制度之成功，由於主婦與政府合作，勝利游行隊伍有主婦隊，民眾向之熱列歡呼，受之無愧。五時散會，方英達囑余作李秀芬求為婦女工作隊總幹事。余同擎華至俞家，擎華訪毛離後復來。余到雷孝實夫婦、徐濟華、朱佩華、方英達、王節如飯。飯後唱聞鈴、喬醋、琴挑、彈詞、南浦各曲，余隨人高歌一陣，極為暢適，十時乃返。孝實下星期赴英，今日祖餞，故折柳、陽關唱全折。徐道鄰約而未來，道鄰今晚請美國友人，聞藏書極多，理科書亦多，正劬學哉。今日下午韓國大統領李承晚來，台北市肆懸旗以慶。俞家沙鍋火腿雞今日比上次為清，但全局素菜太少，清湯黃芽白上桌而余已飯。

孫仁五月來，兩腳濕氣潰爛，非沙治龍可止，忽因扁桃腺發炎，自東門藥鋪購得今年三月上海所謂人民路雷允上六神丸服之，某晚發一大燒，全身頓愈。高熱殺皮膚微生蟲耶，六神丸清毒得愈耶，余不能決。

陳芙生小中風，電療得愈，今午到蘇松太同鄉月會，攜一紙

匣裝臭鹽蛋贈余，並囑蒸而食之，情意可感。又常熟曹、賈二君久不來，希望其已得工作。

余今日介紹海寧陳氏玉煙堂帖董其昌帖：

第一卷：阿彌陀經（萬歷二十三年乙卯五月廿日為雲棲蓮池大師書，跋曰趙文毓為中峯書一百八詩）、曹丕自敘、天台賦（庚戌二月廿四日西湖旅舍）、洛神賦、月賦（癸丑八月八日書於崑山道中）。

第二卷：舞鶴賦（丙午六月八日蘄州）、西園雅集圖記（辛亥嘉平月）。

第三卷：養生論（壬子三月三日）、文賦（壬子十二月立春後三日臨趙松雪最精）、琵琶行、純陽真誥（崇禎三年庚午四月十四日施于乾元觀）。

第四卷：臨米元章千字文（己丑）、臨鍾元常二表、臨王逸少官奴帖（戊申十月十三日朱涇道中）等。

右以書法第前後，不論文章次序。蓋有嘉定徐郙「頌閣三十年精心所藏」朱文印。

又介紹松江本皇象急就章，正統四年吉水楊政以宋葉石林本重刻於華亭，顧士寧、姚德誠刊，宋仲溫有校，缺少字數凡缺六百三十四字，存一千四百字。

余主張將二帖購進，將來藏松江圖書館中。陳氏玉煙堂亦刻急就章一本。

11月28日　晴

晨赴中央信託局，李向采引余停車場，食牛肉麵、理髮，麵湯欠濃，比開張第一日已不如，久後恐因便宜不佳，食之者少。理髮三元，兩元半歸理髮師，理髮師新手得兩元，能者得兩元

半，餘半元歸公。公家備化裝品、香油膏、粉瓶罐燦然，總值不貲，設備費不貲。余終怪政府不於物價於待遇使公務員自給自足，乃舉辦枝節福利，公務員所得者少，公家所費者多，慨嘆久之，職員多稔余者頗以余言為當。入立法院，為陳司長於印花稅法公布而未施行期間又欲修正，說立法委員亦有主修正者，高廷梓質詢為誰，陳舉朱文德，文德不認，高益逼陳，謂狄委員，余不作聲，高繼問應將立法原意宣傳於民眾，政府實未做此項工作，陳益不能答。高之主張已公布法律不可說修正是也，陳祇錢幣司有此意，部院未同意，而遽說要修改，太嫌冒失，惟吾行政方面不太注意，苟司請部核，部請院議，亦會輕輕通過。尊重法律之習慣尚未養成，同於遵守法律之義務尚未普遍，今晨正是立法、行法間上一教課。惜高逼得態度較兇，使陳出於恐懼，似受庭丁威逼而入於亂供狀態，此亦非民主風度也，古人云遁辭知其所窮，不再逼追也。余俟浪平，討論別項乃歸，久待方飯，飯後至侯佩尹處食蘋果。歸至立法院歡迎韓國大統領李承晚，于先生主席，道藩致歡迎詞，李操英語。出，應楊古白陸軍總部戰友廳，謝方希孔為伊子人俊證婚宴，以時間與總統府酒會衝突，匆匆上席，未終席即離。余勸古白不必請客，不聽。至總統府介壽堂，余在六區，依次握手，余於總統閒時問角板山公路通否，答云吉卜車能上，余云當云角板臺，總統曰然也。余又告整理吳先生遺物，答曰甚善，由汝為之整理為妥。余略飲酒、食小件，即至台北賓館與黨宴。蔣夫人扶李統領入，于先生舉安重根與李統領釋俘均震動世界，李操英語謂反抗到底，爭取同情，共產黨必有敗亡之一日，我身之成敗尚未可必，但求有光榮之死。李仍操英語，多說不必介意，余語經國此為 Speech of Never mind，聽者皆笑。葉公超允贈余佳釀，初說余述周宏濤曾贈余假者一瓶，

葉云不會，余親送兄處。次余說可交馮宗萼，余方欲述他事，而葉又說不會送假酒。從政者精神似怕人之不己信，情態宛然。

11月29日　晴，景美山上飄雨　星期日

　　早晨談龍濱來，商聯合國同志會總統頒代電訓辭應如何措詞，實際上三年不升，王雪艇視為黨勞績若無所睹，要余助升。次述王所攜之祕書共免職五人，其中丁憲薰為最壞，黎子玉次之，林既為雪艇亂蓋圖章，黎為黨部候補委員，因伊投票者不多。侯佩尹來，同余出，送為無冕皇后影片重查致張炎元書。余送至俞家，即同佩尹曲園食粉，巷口遇李炳瑗，德甫醫院前遇德甫夫人。余等乘四路至公館，上汪紀南等閒小築略飲酒。小築入口處太呆，如使書房與中廳通，不砌二垛牆則較佳，階台三層坡度皆合，屋前兩巨樹更佳。右側一帶青山，紀南擬再添屋兩間，余云木房及廊亦可矣。出，坐三輪車至景美，自廟後趨山麓上坡，初見者為胡秋原房，最顯露納陽光，再後唐賢龍所租房，隱於竹樹間不顯露則為王平陵住屋，暗矮霉氣似山居矣。屋前移梅七株，二株較茂，當門者半活，餘數株皆枯死。平陵云自山上園地挖來，日本人愛植梅，谷關觀復山莊之外此為第二處。平陵夫人已衰，姪數鈔票者弱，一女肄業台大外文系，以女作家自期者無動人姿態，惟二子活潑，最幼者鼻梁有大黑痣者最英偉。有二房出租，外一房有兩姊妹住，有美國朋友，今日不在。稍坐，平陵引余訪胡秋原，其工作室堆書報滿地，滿桌無可伸紙作書處，客室懸胡家鳳壽秋原父東魯先生詩，云相識在漢陽，胡光、黃間人，地近汴南，所倡前川中學，高中在黃陂，初中在灄口，前川為當地溪名，千家詩第一首「傍花隨柳過前川」為二程先生父任黃陂縣尉者所作。秋原提勝利後為選舉地方黨部，控前川佔縣公

署，實則縣公署佔學校，秋原尋得當年建築合同及教育廳批文，縣政府允日後歸還，訟乃得直，萬耀煌為平亭。此案余猶憶當年控狀，曾到監察委員會訪秋原。後余臥床略休，飯時秋原亦來，飯後移桌椅於入門處靠山之陰，望屋舍田園極廣。秋原講僅是貪汙較愈於無能及酷吏，又講聲色貨利多元外不侷於做官一途，容是救中國之一法。一時後同佩尹返公館，佩尹轉車歸，余再至汪紀南家，紀南今日生朝，有客一桌，不意余去而復來，大樂。余同陳慶瑜、邵本恆（月如，住愛國西路十號）、汪紀南打十二圈，炒麵食粥，又食溜香蕉，乃乘瑾公車返。知昨日陳司長曾與數個立法委員洽印花稅法延展緩施行期間，嚴靜波囑先洽公文中曾舉數委員名，惟無贗名，昨日舉贗名乃逼竭亂招，余主另換一人。歸寓寫日記極靜，窗外微風。

11 月 30 日　雨

　　浮橋青年李迪原在自立晚報，近該報停刊，今求余介紹與連震東，希望入中華日報。晨往實踐堂，聽陶希聖釋民生主義樂育兩篇，謂國之本在家，家有歸宿處，如無家住公寓，則人為一號碼，不能進修云云。余入財政委員會，嚴家淦、陳慶瑜、徐柏園均在。余說已定施行期間已公布之法律，最好勿輕言修改，印花稅法已公布，還以明年一月一日施行為妥。統一稽徵條例及統一發票獎勵辦法，任顯羣所行者皆不盡妥，應由部廳從長考慮。又法律宣傳一事應重視，希於宣傳得反應。詞畢即退，下午仍開會，陳桂清語余高廷梓與羅霞天昨為發言搶地位而衝突。余歸飯，邵家塈因守肚來飯，包夫人已入醫院。飯時狄君毅，伊照 X 光恐有肺病，求調職，余勸身體健後再說，醒後君毅已歸。余訪梅蔭，同食烘山芋，入京士嫂家，新房昨上樑，至陳仲經處，讀

洪北江蔣心餘傳、靈巖山館詩序、南樓圖記、冬青樹傳奇序，洪
駢體仿六朝，殊高古。又翻宋詩紀事，無姓狄人作詩。瓊洲語我
為備粉蒸肉、燕皮餛飩，候伯稼歸，四人各據一方，飲酒食饅並
稀飯。飯後余尋胡立吳，方為昨夜伊擬吳稚暉先生褒揚令措辭已
當，而今日用了羅志希稿，野腔新樣，不像一個褒揚令。余謂吳
先生不以此加重，不重視此文慰之。立吳云丁憲薰、黎子玉等
十四人在王雪艇手下另為一局，所做事、所發文為別人所不知，
王唯石依附黎子玉，近日如喪考妣。余自松江路搭車歸寓，空軍
總部送來戲票，胡夫人珠簾寨，徐露、趙玉菁御碑亭，以天雨無
伴不往。中央黨部來通知，七十次常會決議十二月一日以飛機送
吳稚暉先生骨灰至金門，派船至南海安放，明日八時在松山軍用
機場起飛。今晨余往鄭家辭今夜不往飯，知鄭嫂於六日前傾鹽面
水腰受傷，體不能動，經中醫服藥，昨始向愈。又長婿朱歐生將
往高雄主持售漆分所。

12月1日　晴，台北雨

　　晨起極早，穿衣出門，門開張壽賢架車至。入松山軍用機場，劉季洪、俞勗成已到，馬袁冰如夫人攜媳候於廊下，余移椅請袁坐稍候。張曉峯、吳理卿、何敬之、張道藩、嚴家淦、陳誠、蔣經國、于右任、王亮疇、張岳軍均到。亮疇先生勸余裝牙，謂不可以囫圇吞之習慣，謂六十歲尚能如此，情意可感。八時張劍鳴與洪蘭友攜骨灰匣自忠烈祠來，匣銀灰色，檜木製，中為鋼骨水泥，重一百餘公斤，謂決可沈入海底。有長索，索為青白二色，其長度足夠自軍艦柁樓放下海去，索可穿絡匣底，張劍鳴所設計，亦具匠心。匣可置於木擔架上，伸四槓可以抬走，二花條則可飾架外。八時半飛機忠勇號來，移骨灰匣於飛機前，行禮攝影。于右任先生致詞謂將化身為無量數愛國之人，隨即上機。余本不在送往金門之列，余懼親故有要求不准者，余不可要求而或邀准，使主事者困難。機將發，張壽賢傳曉峯命余可往，余在門弟子中為較親者，可往則不宜辭。余未朝食，上車後坐置骨灰匣之第一列，蘭友與陳次仲同排，經國與張劍鳴同排，張曉峯與馮元賽與馬光啟夫人同排，吳則中、馬光啟、吳漢松則在後面統艙鋁座兩列，余往後艙坐張壽賢側。飛機自台北南下，至嘉義轉馬公島，天已晴朗，余往尾稍鉛桶小便，則念外姑自重慶搭送吳先生專機東下，巔搖欲往小溲，賴俞勗成嫂扶持，泫然久之。未幾望見廈門山口，機已到金門，跑道平常，經國云再過去則匪軍高射炮可及。停機，胡璉來迎靈，金門縣長護骨灰匣入靈輀，兩黨旗車、兩國旗車作罪字形前進，至太武山忠烈祠公祭。張曉峯講吳先生之精神，每一句山間有回聲，復作一句似叮嚀也。余觀金門黔石乃是海底，全島無溝洫之制，菜樹皆極珍貴。自忠烈祠出至海邊，一登陸艙鑿船頭為門，眾於此上軍艦迎風公

祭，下小漁船，余淚隨浪花四濺。正十二時，經國扶骨灰匣下海，樂大奏，一代振奇人以乾淨自在終其生矣。回司令部飯，有好高粱及大黃魚，飯後入市，同入縣黨部，參觀市街，過會林、瓊林及大捷淺灘，乘機回。入立法院已散會。

12月2日　悶熱，雨

晨起丁溶清來送履歷，徐昴繩來貸款。余以昨晚中國一周記者雷善湘持社長史紫忱片，求余寫稚老海葬情形，余試寫一張半信紙，覺悶熱。出，至中華書局得款後，付新生報居先生二周年廣告四行七折，中央日報兩天六折，共約四百元，新生報已書中央黨部擡頭。中央日報同仁言狄先生亦清苦，何必自付，總無人解雖大老，治喪委員會結束之後，此等款為不應由公家出者。余以語許師慎、葉寔之、許靜芝、胡立吳，則均以余之付出為當。余入總統府，晤寔之於祕書長會客室，實之辦公於室後臨府門窗一小間，實云陳布雷自云係CC，陳曾又云鄒海濱為要錢太守，鄒近又向總統索兩萬元。余入祕書長室，與葉、許、胡對坐。靜云陳誠已經總統慰留，有「此時何時」懇切語，審計長所云在台灣之前行政院各情者，請監察院長查察。靜親謁于院長，謂此乃留陳下場白，並不嚴重。又監察委員不兼資政，丁惟汾、鄒魯、丘念台皆將罷，靜謁丁，丁方病，又氣其子沒入老人之款，住在壻鄉，鄒亦哭貧，丘況亦平常。余曰名義可去了，錢仍送，以醫藥保健等名義送之何如。十一時出，氣壓極低。飯後至佩尹處稍臥，亦悶甚。三時入園，賞玩聖誕樹一回乃歸。欲入李向采家，劉德馨私出，至京士家與銀桂談，桂與蔣媽不睦，又損失其積蓄四千元，存於京士擔保之廠，氣得皮色發黃，有鄰嫗莫家之青年下女來談，則與銀、蔣均好。余持天菜臭豆腐到中華書局，約俞

良濟不至。夜飯冬菜鴨塞冬菜如柴，粉皮魚頭湯、乾蟹粉、魚唇、蝦餅均佳，惟菜已嫌多，高粱酒亦刺舌。飯後同到蘇三區同鄉會聽輕音樂，有唱者三女，為蘇州天香味寶廠所辦，濮孟九主席，余略演說。九時歸，有沈關祥囑寫對。得謝徵孚書，為已函令台中育幼院教養王克斌君兩女，並已告克斌逕往台中洽辦矣。

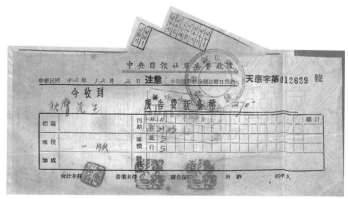

中央日報居正二週年紀念啟事廣告費收據

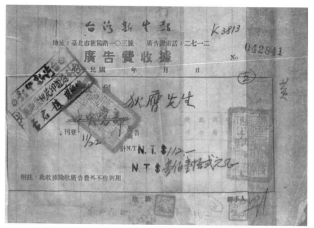

台灣新生報居正二週年紀念啟事廣告費收據

12月3日　雨

晨赴中央黨部業務會議，余不主養肺病之人在黨部之內，主給資使全部時間休息。十時之後代謝東閔為主席，處理議案尚靈活，有人贊美。歸寓料理銀錢，自一日至五日取利還欠以為常，不免孜孜之意存於懷。飯時食鴨翅膀，飯後略臥，黎子通來，十一月十七日請吃板鴨之日為寄家書請綴英外出，不知果來否。下午四時赴錢家，藕兮活潑溫情，真如小妹然，王世勣病胃痛，佩芳在旁丸藥。未多時，余乘車往李向采家飯，今日方肇蘅加菜，有魚、鴨、蘿卜燒肉，飯後打八圈，十一時乃返。

12月4日　雨

近日跳心震，心震則氣急，殆虧耗之象，幸晚上睡熟，差足償耳。晨往工作會議，於不追減黨史會事業費，余報告云事業費實無餘，史跡館建築不敷，實無法在事業費內勻支，總理行館修理尚無著，慮遭人批評。徐柏園允用省款來修。張曉峯因余六十初度在即，明晚請余狀元樓，余固辭，伊云平時疏懶，此萬不能已，與余要求請別家時請我用意不同。余開陪客，惟朱騮先伊云我請朱不著，朱也請朱不著，恐再來一次，更加不美，圈去。余歸立法院，正喬一凡發言。歸寓，得昭和八年平凡社村田製本習字本大成褚遂良、文徵明各一冊，以文之蘇州府學義田記為最精，摩挲一番，為補全釘線。飯後小臥，臥起向立法院領借得錢還陸孟益處，暫宕六百元送祝毓監察會同人福利款。至雷家，孝實昨日飛香港轉英國，川資外四十天僅美金八百元，無治裝費。余謂初次出國往國際會議，應給治裝費以壯觀瞻，第二次在五年內出國，則治裝費可省。孝實一人無伴，飛行萬里，可念哉、可念哉。金酒揮午在中華路告余沈子萬入晚到伊醬園飯，余至雷家

之後曾兩次往醫園，沈先生未到。余在雷家飯，嚴慎予太太先走，俞夫人來同飯，俞良濟後到。朱虛白、吳南如約良濟入新聞局任祕書，良濟志不在官，俞夫人怕良濟久不任事，身懶體鏞，余在路上勸伊可就。余在雷家討厭望之夫人及其女打電話過久，病其有妨別家聽話，氣憤而出。

12月5日　雨　星期六

晨侯佩尹來商定「稚師海葬紀哀」，入午謄清，請史紫忱派人來取，做完一事甚覺欣然。中午李玄伯來，述伊夫人易漱平乃寅村先生女，曾繪山水一幅請稚輝先生題字，當曾允諾，並云所題字甚多，恐將題滿，稚師曾允為寅村先生作墓誌銘，已否成稿，託余檢畫查稿，余允諾焉。下午余擬鬆動，至瞿梅影處，同出取染洗之羅衫，至第二酒精廠幼稚園訪友未遇，在山西館軟兜帶粉及水餃。別後余至俞家小坐，同俞程競英談，即至狀元樓應張曉峯招。陳百年先生、毛子水、董作賓、羅志希、鄧公玄、陳次仲、張壽賢、楊佛士、張百華，惟蔣夢齡、洪蘭友未到。飲白蘭地一瓶後，又飲威士忌，中間陶希聖在鄰室，余往敬酒，希聖回敬，余飲致醉，以六十稱壽云當場痛哭嘔吐。余飲以精神興奮而貪盃，石蘅青罵居覺生小氣易盈，余亦復如是耶。

12月6日　雨

頭眩，腹內不舒，丁淑貞來照應，曹瑞森為請陳廣煜來診，並無熱度，心藏亦正常，瑞森為覓藥。中午淑貞自梅龍鎮捧素麵一碗享余，談龍濱、劉文川攜女來候，女與余漸熟。商文立來商法比瑞同學會事。下午崑曲同期，張穀年來贈總統玉照影印一張，今日穀年夫婦為崑曲同期雅集唱梳妝、跪池、小逼等折，蔣

俾民重到同期，唱彈詞整齣，食三陽春饅頭。同至俞家打八圈，
余食麥糊、菜頭湯及番茄炒蛋，牌畢又吃鹹菜泡飯一碗。回寓服
藥睡穩。

12月7日　晴

　　晨赴實踐堂，賈煜如任主席，郭鏡秋農會登記情形歷一點
鐘，山西音有些囝起而甕鼻。同張壽賢尋溫文海，同至水源地新
店溪側，沿溪第三家為王為昭家，婿劉常州人，父名伯申，續弦
母浙江□氏住蘇州，壁懸莊四、莊蘊寬常州人所書六小幅皆精，
伯申亦愛好文藝者。歸黨部，余曾往中心診所料理十日晚請王
子壯夫人，伊今晨往南昌街，未遇。余至中心診所至立法院途
中，遇海口王家槐，隨伊到某汽車修理廠伊月初來住之室，冷攤
瓦一小間，堆鋪蓋捲若茶房之早起夜攤，余以為戚，伊月入祇
一百十九元有零，乃能安之。家槐於月底則住宜蘭礁溪玉石村
一二四號，在山林管理所后壁，謂如余往住一、二星期，則住山
林管理所，有房絕佔風景勝處。余歸飯，飯後臥，至中本、裕台
及立法委員黨部開小組會議，到七、八人，討論國營事業法，不
及討論所得稅法修正案。余於六時至鄭明處，方出為德欣治眼。
飯前食黑洋酥湯圓，飯時有蝦仁炒蛋。八時至中信招待所，同宋
晞、陳洪、吳則中商為吳先生徵稿，集稿、抄錄、影製，列經費
諸端。則中奉余日本鳩居堂製名筆鳩條鳳一支，歸寓浸開，則筆
毛因蛀斷而落。卜鎮海、狄家銑、俞良濟、俞士英夫婦均來坐，
夜深始去。良濟仍不樂允任祕書，其夫人亦在考慮，希余為定
見，余告以先允幫忙，然後圖離開之法。

12月8日　晴

　　黃仲翔來同粥，取去余為伊夫人準備之皮膚病藥。余同伊至中本取毛線兩磅贈伊夫人，又同觀洪陸東書展，對聯有寫得沉著者、流麗者，條幅空白無變化不美，草書寫得極熟，已不易得。余至胡秀松處，得昨午所失眼鏡，伊今年六十八，治興台為裕台，年增贏餘已臻上理，思退而靜養。余勸說起看情形再說，謂老年無事可為，亦苦事也。伊述與胡秋原父東魯同入德漢黃道所立二年畢業之師範學校，伊年十六為客籍生，考試列前茅，老師宿儒，皆不懂算學、圖書、格致等科，伊平均分數常第一。余入立法院，聽不清發言內容，乃歸寓。朱育參來告伊內兄得判無罪，尚需感訓，伊月入不足，擬出版一小說，求余墊二千元，余允五百元。飯後余安臥，臥起下樓，雷警寰請客方散，徐柏園夫人、陳香梅、張明、徐鍾珮、陳紀瀅相與說笑一回。三時至立法院，討論主管官交代後，非奉國家派遣不得出國，在國外交卸者三月後應回國報告。余發言，主與司法、監察與人民合作交代不清者告他一狀，自然不能出國，今以之訂在交代條例，不甚妥當，謂可以不必。出至鄭家，同味經老松估衣攤，得舊熟羅袷襖一件，飯時同鄭氏昆弟說算帳之重要。夜飯後步行歸，覺有些吃力，微覺口乾，的是病後常態。得田蘭蓁書，寄來女童軍衣服照相一張。得王啟江書，因病不克參加十日晚宴會。

12月9日　晴寒

　　晨錢十嚴丈來，出瑞鶴仙為癸巳冬台北述懷，時羽霄六十，詞境老鍊。侯佩尹來，亦以為可，佩尹有作詩譯詩經過一文，余為粗閱一過，即同錢丈出山西館，早火未起。入銀翼麵點，祇化七元，味尚可。出至功德林，購素包子贈藕兮，由丈候出籠帶

歸，十丈並要求自香港購贈伊小帽一頂，謂須大結子。老年人易
作無謂嚕囌，亦足為戒。余入財政委員會，文耀在祕書座畫紙
以筆。討論糖類貨物稅自百分之三十五加至百分之六十，余主
五十，從前曾為二十五，擬加二十五之培數。諸人多以鹽尚猛
加，況糖乎。余謂物價猛進，於加稅作徘徊姿態，亦足以表示立
法立場。既而又討論化裝品而百分之五十而減至百分之八十真實
徵收，余主通過。次討論統一稽徵條例施行至四十三年十二月
三十一日，次討論第一條，高廷梓主除稅目廢止，稅率更改外，
悉依原稅法。次將討論雜糧同米減低貨物稅，余行矣。本日討論
情形尚佳，上次則曾吵架，吳越潮有自歉之詞。到者僅穀法定人
數，余曾作「小貓三隻四隻，法案一條兩條」諧聯。歸寓飯，飯
後暢臥，臥起試稚師遺下鳴條鳳筆，羊毛禿，下處露馬綜。出，
送姚志崇金門酒，還蔣媽紅瓷盆，與京士晤，與京士夫人作笑，
譚夫人云伊之裝束不辱沒太倉人，余已病其奢也。至梅蔭家飯，
伊又嫌住處不佳，房東移用廚房消耗品，余主忍耐，伊泣下。飯
時幸姚志崇來，傷孫承光不幸，代人上班，死於測水流激度，謂
港有颱風，風速孫已報告，又問水流，孫云去測，久久不報，則
不幸落海矣。任此等事者遇有警報之日，宜兩人合一班以招呼
之。孫君父住青浦，故在港主姚家。

　　飯前有山東趙君，原在中央政治學校任事，述過南京、上
海、杭州、廣州、深圳、越鐵絲網、上調景嶺、開小菜行各故
事，娓娓動聽。飯時有蘿卜燒肉甚佳，飯後即歸寓，持李玄伯夫
人信送則中，閱吳先生「我在其中」，甲子中西曆自注人在何
地，並注文件在天棐之第幾，至八十七歲不再填，惟注曰「我將
無」。又有到台灣後之日記五冊，有以窗寮撕下紙訂者，寫得甚
簡，頗多圖繪，亦貼照片，余主抄錄所記，攝圖繪貼上。有一未

發之書罵李□□者，李妍了小翠馮元賽之婢，先生謂女人害人精竭則死，又罵吳續新持麻將，云是亡國之玩藝兒，足以警惕余。余又與則中商馮元賽不成器之子如何處置。余至憲英處，說星期日狄氏宗親聚餐每人五十元太多。陳炳源送余自淡水河畔，至川湍橋下候十三路，遇武誓朋及廣東委員患風濕之潘衍興，方送其友上車，武君云立法委員有家眷者皆不敷開支，不須月付房租者較好，有病者不得了。

12月10日　晴

　　晨丁溶清先來，侯佩尹後至，余至一女中託江學珠尋黃紹莐，約今晚夜飯。至五條通七號理吳先生遺衣，至中央黨部略坐，參加業務會議，再至吳家理什物，得襯絨袍、絲綿袍各一件，今日天寒，絲綿袍正可上身。至錢家為十嚴丈書瑞鶴仙詞，王老伯母正為余製繡絨枕頭。午留麵，打牌八圈，得陶君現七十五元，羽霄三時後接余牌。余攜酒一瓶、衣兩件歸，換攜一籃，籃內置金門酒兩瓶，提至衡陽路，得黑市香煙黑貓一罐，攜往中心診所。黃仲翔先生至，紹莐亦至，溫文海夫婦攜子至，劉太太攜子、媳、孫女至，子壯嫂攜二女，瑩瑾至，實之夫婦、子弦夫婦、張壽賢攜子至，惟壽賢夫人未到。飲酒不多，菜極豐而味亦佳，仲翔、子弦各攜酒瓶，子弦嫂攜黑貓香煙，盡歡乃散，惜天寒耳。余至中信貴陽樓上整理孫揆均、楊杏佛，揆均生丁丑，少稚暉師十二歲，所作揆下角方印一牛，書丁字，揆啟工整有古意。楊銓殊草草，自總理陵墓委員會時主任幹事奠基，後人即疑杏佛是共黨，有一書致吳稚暉先生者，謂最令人哭笑不得，無共產黨籍而人謂是共黨中央執行委員。共黨在漢口給楊以種種名義，而上海國民黨中人為楊杏佛印一大名片羅列各種頭銜，並

寄一紙與吳先生，注曰楊杏佛有如許頭銜，非可小視，自此杏佛
危矣。其離婚妻輓云，「與眾狙為伍，撲擊竟以傷君終」，不知
何指也。九時半與宋旭軒走街一段，提籃步歸。晨間寄覆田蘭
蓀書。

12月11日　陰寒，霏雨

丁溶清來，擬邀余外出未成。到中央黨部工作會議，要求黨
史會亦考績，為總統府尚未覆文未得允。到立法院，亂嚷聲雜，
未能久坐。至中本小坐，即出席十八小組午飯，十四人到齊，
討論所得稅法綜合自源隨收。余以戶稅尚在防衛捐，且附加房
捐、田賦及其他均未言如何整理，單言所得稅，又隨起隨徵，或
予人民以不良影象。余主慎重，專家均以所得稅為良稅，綜合又
合世界潮流，不知敝國不在其數耶。又有人說我國國民以逃稅為
原則，嗚呼哀哉，請問在水平線以下生活之人，安能不逃稅耶。
出，至俞良濟家，同裴承藩、李崇年夫人、俞良濟夫人，余輸至
脫底，付半欠半。本日俞太太初代勝，余上場負，俞太太再代銃
二付拉子，余上再銃拉子，承藩代余不和，朱虛白為參謀稍振，
既而又下，真好笑也。歸時落皮夾於牌桌下，幸而尋得。回寓閱
綺情樓雜記，今午朱文德講小楊月樓姘小林黛玉，為張嘯林所
獲，強以洋蠟燃著插楊肛門爬行三轉，上海人謂插蠟燭指此。朱
虛白欲為新聞局主任祕書，依公務員任用法新規定應迴避，擬改
任顧問，俞良濟就祕書否未定。

12月12日　晴

有陽光，阿金為曝被。侯佩尹、丁淑貞來同麵，出同佩尹購中
國一週第 190 期，余所作稚師海葬記哀以較大字登一頁。入立法院

半年預算之施行條例，又因法制委員會未同意，開會時間未能決定內容。龐松舟報告調整待遇原則上種種考慮，李鈺說油輪案並不妨礙預算案之進行，如以三十八年以前事不當問，則毛邦初案何以派人赴美進行訴訟。余謂可向中央陳述，中央屢以書面通知立法黨員，易起議論，此案張茲鍇又在報上作申明答辯，亦足以惹立法院以祕密處理，而行政院中人登報隨便之不平。下午余向何子星言之。余至樓家，桐孫十二子腸潰瘍，已臥二星期，長子翼雲自韓國歸，贈余及嚴慎予夫婦 Herbert TAREYION 美國煙一包，余又得自來水筆一支。余至航員俱樂部應楊管北、周召棠招，召棠寧波廚有煨燉之菜，如雜燴中之黑肺頭、大蒜紅燒肉、白鯗烤雞等。飯後步花園，諸人欲擇日集花草為余壽，楊覺天送余汪漢滔公館寓街，徐中齊謂將調解方冀達與王純碧兩女立委吵架案。汪寓又有故，為虜進甫自法庭取保出來之某乙向某甲洽欠款四萬，由調停而公證之譚話。紀南夫人病血少，余略睡一回，即步至台灣大學傅園向孟真墓行禮。孟真逝世，北大人與政府間起隔閡無疏導處，例如胡適之先生去冬回台之不快或會不發生，則孟真之效矣。園丁正在剪枝樹蔭濃處，聖誕樹不花。余出乘一路，於氣象局下。遇焦立雲於饅頭店，隨伊至違章建築之住房，其夫方擬翻樓，余告以無保障且空氣不佳，不如其已。入台北賓館憲兵節酒會，遇何子星，上述論孟真及李鈺云云皆於酒會中譚及。出，吳保容夫婦送余雲和街，豐穀命蒸火腿，此外有蒸鱸魚、鮮鹹蛋蒸肉而以菜作底者。潘君夫婦於飯後來，同打八圈乃歸。席世兄自韓歸，贈余蘋果，謂釜山大火因民房不慎，無水可澆，祇以打擊未火木房，以免蔓延，市民無逃處更無住處，可悲也。

12月13日　晴

　　晨余出開大門，狄獻羣及其母周愷、妹亞琴、女甥自岸內乘夜車至，特為余祝嘏來也。徐培、侯佩尹、丁淑貞來，余同侯、丁乘汽油車赴北投，略進麵。攀聯勤醫院而上，入鐵路招待所，坐廊下候浴不得空，乃走外馬路下山，飽覽山色。乘汽油車至北投，換火車返台北車站，入銀翼應狄氏宗親祝余六十初度酒麵，樓上懸張堯亮、姚景蕙、姚振先稱余舅父壽幛，狄兆基、其駿自高雄鹼公司來信，稱余功在黨國，澤及鄉里，榮宗耀祖，理應稱頌。逢辰攜孫來，企雲自台南、擎華自宜蘭、鎖富自苗栗、君毅自基隆、如芳自新莊、慧齡率謝如岡自新營、靜貞與夫彭寒陽、寶貞與夫葛青，此外有兆麟、劍秋、璉自士林，以榮芝十八世為最長。飯後余略講話，家銑亦講話，在中央日報球場攝影，每人收費四十元。余出金門高粱兩瓶。余至陳嘉猷家略臥，至錢家，錢闔家出祝馨斯生日，王家亦有叔輩生日，有牌兩桌，余至馨斯家打四圈。至青年會宴外來諸狄，魚及雞湯及布丁均不差，飯後諸人送余返寓略坐。湯文輝率妻以下午七時來未晤，余天民昨及前晚兩次來未晤余，留字囑余通信約晤。

12月14日　晴

　　晨至實踐堂中央紀念周，沈宗瀚講與工商業配合之台灣農業計畫。禮畢，吳禮卿送余三六九，余同王子弦食麵。狄慧齡午後將歸新營，同麵，伊云多住台北耽誤工作，怕余不樂，余告以惟工作可以解除愁悶，伊得相當可以再嫁人，嫁人勿在新營等語。下樓與子弦別，余請子弦嫂往中本取衣料。余至立法院略坐，午刻同張百成、吳則中山西館吃魚及鱔絲，商中信禮堂晚會各節。飯畢走至四姊妹咖啡，尚覺陰涼。回寓略睡，出至植物園北大同

學會常會，十七日校慶，借新蓬來四樓。至鄭家飯，飯前同味經走估衣攤，無所得。飯後明送余西門町，購得籌碼一付。回寓，同啟文至錢家送籌碼，並送錦姪新做嫌小之衣與桑圭，桑圭稱身。余等打八圈乃返，上弦月如被蝕者。

12 月 15 日　晴

丁淑貞來，昨已同伊至建國北路看房，今晨又同至潮州街看朱歐生房，同在奇珍閣食粉。余至瞿梅影處辭明晚飯，至陸京士夫人床送支票，伊尚未起身。至立法院中正堂院會，比光復廳聽得清楚，惟黃國書當主席略差勁。余回寓飯，炒葉倫煜所送雞蛋享同桌。飯後略睡，毛同文與陳倪夫人來訪，同乘四路至汪紀南家打八圈，先食龍眼粥後食湯餃，八時半歸，坐馬光啟車。同啟文觀戴綺霞人面桃花，遇陳定山及蕭贊育。散戲歸，坐三輪走仁愛路，月光皎潔，椰樹整齊，殊適。昨、今兩日左鰓牙漲，至歸時覺漲平。

12 月 16 日　晴

余感不適，終日未辦公。晨侯佩尹來，云蘇雪林索閱中國一周第 190 期。丁淑貞來，昨晚伊到朱安生巷，又跌入陽溝，紅藥水滿腿。余至中華書局晤志崇，知周先生已購得高粱酒十瓶。余遇何子星，自余書桌上取去吳稚暉先生照片及「我在其中」之攝影，將以寄黃文山。下午余臥，梁慧義來贈橘，余分一半請伊帶回，並送茶葉、方糖與菓子醬。梁去，余至金山街三十七巷九號徐向行新居，前後寬暢，房亦合用。香伯與戴丹山皆出觀電影，余留字說艱難之後有佳境也。出訪桂伯，見顧儉德新生肥胖兒子。出至金華街 237 號越永康街張平家飯，見其子女，平在暹邏

售出汽車得 1,500 美金，用了兩年，比購入時得利 200 美金，今以購房，希望房得出售，但粗安頓行李之後即便購房，故不如向行房子之佳。伯平今叫菜，又備洋酒，但余仍覺臭豆腐干味勝他菜。邵學錕、李懋寶、陸孟益、洪亦淵皆來陪余，徐祖武亦來。張平與徐祖武為同班同學，民國三年余教授崑山二高，余為此班之主任教員，故余以親丁目之。飯後余同亦淵再尋戴丹山，未歸，乃赴空軍新生社觀季素真盜仙草，素真之夫丑角極醜。次為徐露之春秋配，露音殊佳，小生道白如相罵。次為驪珠夢、游龍戲鳳，裝前結後之梆子改皮黃者，前有旨掉關官，後有正德親陣斬番將，李鳳姐命薄，進城門見四大天王致病不起，正德哭墳，四天王擁李鳳姐仙去，與正德對唱。余坐於陳定山、齊如山之間，如山謂李鳳姐墳離南口不遠，在火車上可以見之。戲本經齊丈改過，齊見皇帝親陣曰糟。余與定山商各稿可印袖珍本，名曰蕭齊幾種，余同錢馨斯同車回。回寓已逾十二時，得朱騮先先生書，四十三年一月十一日為蔡故院長子民先生八十七歲冥誕，請余擔任報告蔡先生生平事略。余不學無術，但以誼言何可辭卻，擬為講吳、蔡兩先生之交誼。晨間徐復人來，問蘇松太同鄉為余祝壽，以何種方式為合，余主借大華戲院唱一次申曲。

12 月 17 日　晴，夜雨

晨丁淑貞來，以十二月中連得分到外快，請余銀翼麵及菜肉包，甚佳。畢購中國一週兩冊，赴立法院，通過四十三年度上半年預算，對煙酒公賣局既挣出歲入三千餘萬矣，又說樣品贈送以外銷為限，不免小氣，且與推銷有礙。余同劉啟瑞、成蓬一言之，郭登敖教余不必提，乃止。回寓，得溫泉銘及趙孟頫千字文日本印帖各一冊，趙書精神凝結，與木然油滑者大不同，真快事

也。下午睡，朱鍾祺來清還余之存項，兩年來鍾祺陷入困境，而余本利無差，殊屬可感。余於三時出至俞家，同良濟夫婦走信義路，遇溥心畬。走新生南路，轉入李崇年家，李屋整理清潔，惟飯屋太小，無法改造，李夫人留吃小籠，以車送至新蓬來。余上四樓，同學到者一百一十人，正宣布開會，孫德中主席。蔣先生報告自張之洞勸學篇，中學為體，西學為用，原想開門一扇，結果新潮一擁而入，有如西洋各國早先之拒絕宗教拒絕無效。北京大學負新文化介紹之責，中國人有遠大思想，而忽於自近小做起，自維新以來隨作隨輟，自以無成功。今農復會所為者與張之洞當年所計畫者無大懸殊，但做台灣一些地效果太小，而因俄國在後侵佔大陸，故先求中國之卓然自立，再求中國文化繁榮進步為北京大學之使命。次吳靜報告赴丹麥、荷蘭、埃及、美國開會游歷情，謂放射學宜推廣，求同學助成。次開飯十桌，每桌酒一瓶，群呼酒佳。諸人祝北大及胡適之先生，兼祝余六十。余說明改選情形，發票後牛承善謂宜再連任，發票眾不肯圈選乃止，付賬後尚略有餘。八時至中信，同宋晞閱蔡先生信札，頗有表示意願及作風之信。蔡致吳以入北京大學任校長後，請吳先生為學監，吳致蔡以許季茀為教部政次，說明傳話態度為最足引述。所有提議或向各方聲說，蔡往往請吳為之，如楊杏佛遺族恤金、青島大學之保留及其經費之分擔等。十時歸，廳上幕遮，正在舞蹈，街頭雨濕，余過長沙街，即得車回寓。宋晞語我總統訓話後，整理訓詞者以訓話後之材料加入，程天放以為不可，總統曰「書生哉、書生哉」。

蔡元培致吳稚暉書

稚輝先生惠鑒：

　　別後連得兩書，承薦諸人，當緩緩設法。茲有啟者，弟前以北京大學問題商于先生，先生謂中國事云不可辦則或無一事可辦，云可辦則其實亦無事不可辦云云。弟到京後與靜生、步洲等討論數次，覺北京大學雖聲名狼藉，然改良之策亦未嘗不可一試，故允為擔任。業于一月四日到校，九日開學，雖一切維持現狀，然改良之計畫亦擬次第著手。大約大學之所以不滿人意者，一在學課之凌雜，二在風紀之敗壞，救第一弊在延聘純粹之學問家，一面教授一面與學生共同研究，以改造大學為純粹研究學問之機關。救第二弊在延聘學生之模範人物以整飭學風，適前任學監主任張君堅欲辭職，意欲請先生惠然肯來屈就此職，校中本有言語學概論一科，每週三時，無人擔任，並欲請先生主講，兼可于國音統一之議，同時研究漸組織一言語學研究所（文科本有言語學一門），儻亦先生所許可。與聞春間先生本有來京之說，如所請果荷惠允，敬請示以行期，無任企禱。專此敬請

道安

　　　　　　　　　　　　　弟元培謹啟　一月十八日

12月18日　陰，時或飄雨

　　晨洪亦淵來，同到中央財務委員會晤胡希汾，希得謀橡膠車胎廠事。希汾云為時尚遙，余託希汾求徐柏園為丁溶清介紹石炭委員會，柏園新令該會緊縮，不便薦人。余託希汾存鍾鑑三千元、侯佩尹三千元，冀得四分以上利，希汾允代覓。希汾為余保存監委會存金十五兩弱、余個人存金四十八兩，連存六千元共三筆，第二、三兩筆，前為朱鍾祺經手者，今皆煩希汾矣。中央黨

部工作會議，余曾為廣播公司應多分些收音機規費發言。同崔書琴至立法院，正讀預算案，余坐聽一回。出理髮，並訪周賢頌，自韓國漢城訪問一個月歸，謂天冷初到，足皮皺裂，夜睡暖坑，燒木柴比食物價貴。韓華間尚有隔閡，訪問團員因金大使未簽字不能前往，外交部與大使館相推諉，賢頌往極謙虛，不以大國自居，朝野對之誠懇。中午在中華書局飯團飯，陸孟益、華□□經理添菜，姚志崇、陳嘉猷、吳亮言作陪，紅燒肉、鹹魚、蝦米、黃牙白皆佳，豆腐衣過爛，鴨肉紅色係血未清，不佳。歸寓睡不穩，毛同文留何欽翼結婚照並袍掛料，陸翰芹送來七律壽詩鏡框。余出，分橘與梅蔭、秀武，自劉光斗家取麵赴雷家，知孝實已安頓在倫敦，有書寄歸，其長子攜孫男女，晚來看信。余等同宋太太、朱敦春夫婦、俞良濟夫婦打十分之一么二，余勝。飯時有炒麵，牌後有泡飯。雷太太還余前欠五百元，係孝實之年終獎金，今日又發來眷屬實物津貼，注明本人公差出國，津貼停發，論理已得赴外膳費，但何斤斤較量及此，而不情之甚也。夜，唐縱、沈昌煥皆送酒來，余漸覺稱壽之不妥。陸翰芹詩頗輕靈，錄之如下：

筆陣縱橫侍北征，薰爐南省颺才名，
軍謀已壯三千牘，士價須高百二城；
遵海彤廷資潤色，飄筵紅荳自芳貞，
舉觴騰祝收京早，佇看如椽賦兩京。

12 月 19 日　晴

晨赴西門市場中華毛紡廠，途中遇鄭味經，東來尋余廿一日夜飯。同上毛油公司樓上晤陳希平，希平為管存錢、付利息、所

得稅、保管存單諸細事，由伊處得黑貓香煙歸。余攜煙、酒、茶、臭蛋、橘，裝一小籃赴銀翼，陸望之、俞良濟夫婦已先在，吃餅、麵包、小包、干絲、酵肉，以干絲為差。出，坐望之車至七條通裴承藩家催裴夫人起，請李崇年夫人來大打麻將。飯時飲余帶往之白蘭地，尚醇，諸人更贊余所攜龍井茶。夜飯後，崇年夫人有姪發高熱先返，牌罷歸，月色甚亮。

12月20日　晴

晨五時起，為邱紹先作西洋古代史要序，實無庸序也，紹先來兩次留字促序，意不忍拂，乃無中生有寫四百字，尚填以伊新到台北余所作七律。余記七律不全，翻日記，喃喃怪邱梁，秦啟文倒茶相勸，真好人哉。狄周愷率女及外孫女來同粥，同游士林花園，賞聖誕紅，同候汽油車士林車站。愷述綴英勸伊入川，伊往菱湖教書各情，今欲入婦聯或王辛寶處任事，余謂其已老，不易得就。其女亞琴適台灣人，生三孩，與夫感情平常，亦求任事，余謂不離玉井太遠為佳。至新北投，走街游花園，自左蔭道上靈藏寺，今日十五，灰塔門啟，比丘尾上供方畢。紙亡位室有紙庫，庫中有塑像，或翁嫗雙坐，或小姐單坐，或三代整列。門有汽車或包車，包車夫白衣箬帽，表示天熱，一女傭手持鑣刀、鐵炒菜鍋，立自來水龍頭側，神情頗肖。用男女作役，主人端坐以為享福，乃民間思想之弱點，宜校正焉。上坡走投草公路，途側取小徑入鐵路招待所浴，愷云是初次。歸途遇軍車，載余等入城，在省政府側下車，入同慶樓飯。飯後赴車站服務台，為購明晨赴台中車票，入國際攝影乃別。余乃入中華書局，尋紹先不得，乘五路車，不覺過了川湍橋。入汪抱玄宅，伊女同伊夫人之姪、仲肇湘之子方打麻將。抱玄歸，云將出售住宅，以歸還財委

會以江蘇文化公司美金二千元，余然之，謂寧住房小些。入交通
某會所崑曲同期，以蔣倬民、徐穗蘭望鄉為佳，朱珮華作主人，
親捧茶與客，誠敬少見。俞良濟同余走堤埂，樂淡水河寒波圓
散，伊將任新聞局專員，管支票及招待，伊云不樂任招待。余乘
五路轉一路，又愛基隆河上晚霞。六時同佩尹、淑貞飯於士林新
開之齊魯小館，飯畢圓月懸於中天，清風來自山側，就小室背佩
尹所譯諸詩有愁意，一首譯高際野者已登出，淑貞讀侯詩、余文
極歡。歸寓，知蔡國華來約明晚工專宿舍夜晚，蔡名殿榮，南通
人，妻金陵楊尖人，大學卒業，今為工業專科學校教授。

12 月 21 日　晴

　　實踐堂紀念周，張其昀組訓會議致詞。余搭陳慶瑜車，祝紹
周同往，陽明山路上見拋錨車五輛，最後慶瑜車亦拋錨，余等改
乘浦逃生車。禮堂讀警察的常識與任務，一女受訓員帶眼鏡者讀
音甚清，余成油詩三首寫與桂率真，率真索余油詩。散會，初擬
搭趙韻逸車，病其為吉卜車，改搭靜芝車。時陽光和麗，靜芝邀
余三本花園，杜鵑有稀花，花亦大開展。上張岳軍別墅，守者留
茶，許余二人入浴。歸途靜芝告我葉之今晨在辦公室上吐下瀉，
余等入城為一時三刻，不及赴張其昀台北賓館宴組訓人員，余在
靜芝家糕湯飯外，打炒來兀雞蛋。飯畢電話詢寔之病體如何，答
曰去矣走矣，最後答云死也，十時許心藏停於辦公室，已移殯儀
館。余不禁淚下，遂往殯儀館，與陳訓畬、張壽賢、劉光斗商棺
厝及喪費等項，余隨即歸臥。五時攜酒至鄭家，與味經走估衣
攤，僅見一灰鼠女大衣。余至工專蔡國華家夜飯，與葛建時、姚
兆如談，建時任花蓮農校，尚做得下去，囑余向林渭訪索樹苗。
再至鄭家飯，飯後八圈，與鄭國器同回，國器贈酒，朱歐生贈哈

潘，美國出品。

12月22日　陰雨

　　晨陳炳源來約飯，狄受和在座，因許以今夜，忘了中央日報開監察人會，又不知郭澄、張炎元南昌街煙酒公賣局請客。入立法院院會，心痛寊之之喪，無心聽數目字。入總統府，立吳、靜芝正寫輓寊之聯，余亦書輓聯云：

身如獬豸，易觸邪回，泉台訴與無常，
班底已稀零，莫摘知音龍套去；
誼切同舟，更愁風雨，水上正需聯絡，
艘群尚迷惘，那堪划快渡船沈。

　　再入立法院，與陸京士約星五請人講兒童教育，更約如有人問及膺行誼者，祇舉辦故鄉教育。昨見蘇松太月會通知，本次先在大華聽申曲，再在裝甲之家聽名人講演，食桃麵祝余壽，通知書未印出余姓名。歸寓飯，飯後入寊之靈堂，已停尸，晤宋晞夫婦及王子弦，子弦送余巷口。余入梅蔭家，不知梅蔭誕晨，姚志崇、孫再壬、吳亮言、邱紹先、孫伯顏夫人均在。諸人明晚擬改用閩廚燒整桌，余情急下跪，叩首以謝，心跳頭痛，臥床休息，諸人乃改原議，購菜自燒。余吃炒麵後，乃至劉雍仁家，王為昭在家，子壯嫂出觀申曲，候至六時乃歸。壯嫂舉債，無以卒歲，擬託于心澄、王仲裕集二千元。余至陳炳源家，與介先、受和酒飯後尋樓家，無燈光乃歸。

　　劉雍仁父字伯中，愛書畫，其所寓中（羅斯福四段十八巷四十弄十一號，電話25289）懸六小幅，一張壽齡（澹如，亦號

小松）行書、二呂景端蟄庵、三清道人行書、四莊薀寬緘三、五
莊四廋年、六羅敦颿。今日又見雍仁弟妹。

胡伯玉（璉）自金門送來黃魚兩尾，擱在樓板，腥氣滿房。
余又蓀送來蛋糕，奶油流漾，今晚無人吃蛋糕，又慮鼠顧。

鈕長耀、俞成椿來邀飯，明、後兩日任何時間，囑余覆電話
24539。

12 月 23 日　雨

寯之大殮，余自陸益處取錢送禮，並代王子弦兄送禮。各方
到者賴特才、王秉鈞、陳惠夫、居浩然、王子弦夫人、湯又新、
胡健中、李君佩女、陳希平、李建興、胡家鳳、李敬齋等，余謂
角落裡黨同志都來了。送賻敬，零星者一萬元，棺木九千元，歛
灰，殮法尚好。一女係德之女，自幼撫養者，哭極哀，頻呼「我
要爹爹」。余同胡立吳、王子弦、黃仲翔為之加蓋黨旗，十二時
移至後埭殯舍。余同霍□□及蔣君章同至瀟湘餐廳飯，君章講
□□□輕騎虜名王戰略之成功，霍君講馮玉祥為俄人毒瓦斯毒
死，李德泉全亦非共產黨。余歸，攜黃魚至志崇處，即到美而廉
三樓開留法比瑞同學會，鄭彥棻、黃國書、徐廷瑚均來，會勢稍
整。為某同學證明事，廷瑚到余處蓋章。余候鄭明至中華書局
飯，凌同甫、孫再壬、陳嘉猷皆夫婦，陸孟益、邱紹先、姚志
崇、何子星、劉克寰、吳亮言皆單身，陳、孫兩太太及孫伯顏夫
人。燒菜四炒，薺菜雞片、豌豆苗干貝皆佳，僅冷盆，均葷菜，
蛋餃太鹹，樣數太多，為美中不足。何子星送余正中書局編輯
所，編輯會議已完，設酒兩桌，吳士選舉盃祝余六十初度，張梓
銘云正中贏餘二十萬，歷史等四教科書生意被奪，二十萬已是不
易，葉青語余中法比瑞應繙譯書籍。飯後說笑一陣乃返。

12月24日

陰曆十一月十九日，余以是日生，怕人來行禮。晨投于心澄信，寄顧授書信與丁溶清之後，即到佩尹處食伊蘿卜肉糜稀飯。余睡兩胲，房東呼作梁小姐者與余為禮，並講後院某太太屢遭夫毆，毆罷有說有笑，事屬大奇，說與佩尹聽，余已熟睡矣。十一時同佩尹入市，在同慶樓飯，飯後余至梅蔭處休息，略飲酒食菜。四時歸，禮物與客人名片推滿，胡立吳、黃季陸、汪天行、姚志崇、余又蓀、胡希汾、許靜芝、張福濱均來過。余略整理，即至蔣碧微寓，屋中設有點臘燭之聖誕樹，柱貼一白茶花，云自吳稚暉先生寓中摘下者，屋角有聖誕樹，謝建華又送一花籃紅白相間者。但穎孫、崔載陽、謝壽康及弟建華、蘇梅、侯佩尹、陳子仁、盛成、商文立、王平陵，平陵又請張正芬，正芬謝余前日公共汽車讓座。諸人圍坐，飲白蘭地一瓶，電力公司一桌，加許丙所送魚頭謝建華指點者，極美。飯後說笑，佩尹背詩，王平陵打魚殺家一段，張正芬唱大西廂一段，余學狗吠貓以為怪，道藩講笑話甚多。晚十一時始散。

12月25日　晴雨

院會以國大代表開年會借用中山堂停開，聞年會中有人提議為李宗仁彈劾案仍請立法院長召集臨時會，中央委員會不之許。副總統有人主張假投票決候選人，年會主席團亦莫之許。余謂後者自應由黨提出。余攜蛋糕往俞家，良濟方出取利，歸謂利錢日低，當謀自營生意。余中央黨部會逃出，在俞家飯。飯後歸寓，金秉全為余攜蛋糕兩大匣。至大華戲院旁軍人之友社，朱鍾祺正為懸壽幛、點壽燭，申曲先唱上壽，後唱八仙過海，再唱陸也成賣娘子，於女兒出嫁叮嚀周至，婦女極愛聽。男賓以錢十嚴

丈七十三為最高，衛教授、徐燕謀、蔡一鳴、唐錫夷、袁師汾、
鈕長耀、蔣君章、徐漢豪、凌英貞、鄒斅公、楊佛士、徐復人、
金仞千、陳江、夏濟安、朱敷春、杜逢一、奚用之、閔湘帆、羅
大固、鄧傳楷夫人、味經全眷、湯文輝，約一百六十人均至。申
曲畢，由陸京士略報告余以老百姓身分在本鄉興辦學校、慈善事
業等情，又請葉楚生女士講兒童福利。食蛋糕及桃麵，司月每人
貼二十元，來者每人收十元，開支尚殼。今日為蘇松太同鄉，為
三十五次月會，熱鬧空前，惜地方矮小耳。五時散，下期請蔣君
章、陶一民、陶德麟司月。余至俞家，同裴承藩夫婦、李崇年夫
婦、朱虛白夫婦、陳逸凡、陸望之、朱佩華打麻將，夜飯俞良濟
做菜極多。十時余覺體倦，乃附望之車歸，以蛋糕送李向采夫
婦，夫婦皆病胃痛。見李清選所藏岳飛瓦式端硯，題者皆真跡。
歸寓月色甚佳。

12 月 26 日　星期　天晴

　　晨丁淑貞來，同出食廣東及第粥。余至中本，與張百成商二
日晚晚會請帖如何發送。出遇趙蘭坪，即送一帖。余過沅陵街，
售鞋江北女訴余木房奉令造成，又不許放在沅陵街上，余頗憐
之。余至錢家，出購菜，中飯有蒸臭豆腐干及鹹黃魚。飯後臥桑
圭床，臥起坐車赴廣播電台候羽霄來，李景蘧來後打牌。夜飯曹
健楚、錢逖先、秦啟文、王世勛夫婦及老伯母、十嚴丈。十嚴丈
贈「倉江舊主」章，王伯母贈自繡枕衣一對，極珍貴，謂余最少
應同伊年八十六，能請太太來最佳，否則另覓一人伺候飲食起
居。飯時伯母亦飲威士忌兩盃。啟文飯前運菜來，飯後又去開
會，十一時又來候余歸寓。菜以藕兮所製鹹菜黃魚為最，彭長貴
凍豆腐、燒鴿、臘味蟹粉、魚肚，王太太做火腿菜頭，白木耳魚

蟹羹亦佳。

錢十嚴贈章「倉江舊主」

12月27日　晴

晨侯佩尹、丁淑貞、談龍濱夫婦三人來，同上梅龍鎮，遇陸孟益，食干絲麵、包子下樓。同淑貞至戴邨，張平家看房，鈕長耀家候陪客，值長耀夫婦不在家。余謁于先生，遇徐漢豪，訪楊寶乾夫人。尋朱繩先，繩先夫人糖尿病，見其第三子之女抱一三美金之洋囡囡，夫人云自洋囡囡算起，我是曾祖母也。出至梅必敬家，為朱人德尋出院膳費三百元。歸戴家飯，劉季植燒糟扣肉甚佳，此外有蛤蠣菜頭蘿蔔絲湯，吳望伋、俞成椿來作陪，徐宗彩仍患腹部不舒，梁君因病未來。飯後臥一刻鐘，寫絹及紙四條。至俞家，夫婦出觀電影。再至戴家取梅必敬所贈 CAT 日曆、毛繩衣，仍尋不到手錶。再尋王道子夫婦，乃歸。在寓飯，覺極好吃。與錦姪晤，伊於余生日曾下麵。夜留美同學會假寧園晚會，周大中云立法院北大人擬於三日約余飯，余辭之。嚴靜波、尹仲容、趙耀東及王導之夫婦均參加夜會。曹增熙與盛小姐穎若館主唱秋胡戲妻。

12月28日　晴

晨徐勗繩來，囑作書與洪蘭友，希望得國民大會工作。余至實踐堂聽蘭友報告，面告徐勗繩求事，蘭友謂余生日，擬寫些文字紀念。出同楊佛士、王子弦走街，余入立法院，取十一、十二

兩月補發之一千一百五十餘元。余入中央信託局尋吳則中不得，
又至中本公司尋張百成，交伊千元，為二日晚會之用，取得晚會
請帖十分。至瞿梅影處麵，麵後即回寄請柬於項蓉、田蘭蓁，略
整理什物，失日本小刀。四時至俞家飲牛奶，同競英唱稱慶、
上壽，同競英走街一周，余至樓桐孫家小坐。至廈門街 99 巷
三十五號，包華國、楊覺天、馮正忠、徐中齊、齊世英、邵華、
王新衡、裴存藩、周兆棠、陳介生、李永樵設席宴余。楊冠北已
去香港，請帖上列名未到，程滄波特來參加，江一平云參加但遲
來，邵華所約焦鴻英等均未到。王新衡約票友蘇州趙佩鑫君至，
唱洪羊洞、空城計、搜孤救孤等戲，鄭震宇來唱老生、武生、老
旦一段，武生未唱成，江一平、劉秋芳、宋漱石各唱一段。武誓
彭、潘衍興、秦傑、石九齡、李定、吉佑民、王大任在他處飯後
皆來賀余（江君等皆立法院第一屆黨部委員）。飯時兩桌，飲威
士忌一瓶，召棠菜兩桌，余臨時約俞良濟夫婦，俞燕未至，徐中
齊夫人特來陪余，十一時始散。余同彭爾康車歸寓，寓中正演台
鐵電影。

12 月 29 日　晴

　　晨丁淑貞來，余方整理寫字枱上之照片，淑助余抬玻璃板。
侯佩尹來為余改正代陳志贊輓周嵒聯，姚志崇、俞良濟均來。將
出，立法院福利科技工趙乾邦來，余引之往鄭家，明在床喂德
欣。味經告余朱歐生明年一月六日全眷赴高雄，余因同味經往中
心定四日晚十五客大菜座。同良濟往北門取一月三日崑曲同期請
柬，則稱余為曲友，是日備壽點祝余生。余至立法院，張院長正
讀香港新聞天地所登立法委員多取錢之謠言，余知此為比射經濟
稽核委員會為討好大眾，云立法院有餘款可分，每人可得三百元

之行不得也哥哥。又悉國民大會組織法第八條條文，出席人數修正為三分之一，大體無任何問題。營業預算等僅題外要求，少數人為刊物等向機關要求得手可羞外，餘無甚問題。余交輓聯於陳志霽，乃尋張百成，知二日中信禮堂晚會請藝員千元，食物約一千五百元，再五百元為雜費。余至中華書局小坐，同商文立入台北賓館，應行政院長陳辭修分批銅盤餐，八人一桌，菜可吃而熱。余向辭修索青田石章及酒，辭修云青田石須反攻後得其他圖章石，自可搜得，酒無問題。一時散，余至俞家同李崇年夫婦及陸望之打牌。余至彭園取銀絲捲，夜飯時加蒸魚及砂鍋白菜，良濟家煮蛤蠣蒸蛋亦佳。十時送望之回寓，知梁慧義攜脫子奶粉來，俞士英、奚志全來。戴恩沼來信，名次子為家鯤。侯俊人來信，云年來頑軀漸健，行動如恆，平居無事，研究製醬之術，頗具心得，每日與工人操作二、三小時，既可勞動筋骨，又可免造糞機器之譏。暇日應友人招作近郊游，並與滬上諸友組織蘭社，每逢月初聚餐一次，雖無遺珥墮簪之歡，亦有歡然道故之樂，尤可收患難相助之效。然弟之得有今日，皆出先生之所賜也。知關錦注，書此告慰。

12月30日　晴陰相間

　　晨侯佩尹來，為校正盛成所寫阮元隱山銘，同送至暢流社。佩尹曰阮芸臺幼慧，其師出「伊尹」令對，即對曰「阮元」，余曰形相稱而意佳。余告以柳燕謀先生以「寇準」對「狄膺」，佩曰義相近而意佳。孫仁抱子來，伊皮膚病復發，子腸胃炎。出孫禮來信，云伯修赴滬賣蔥，仁欲寄款無資，仁且無資度日，向余借二百元，余借以一百。孫全杰因賭博且掌人頰，被捏名告發，罰停年終獎金，全杰性亦強硬。黨史會同志在國父史跡紀念館者

安東王紹易、淳安項達言來謁，云參觀者日有百餘人。梁慧義昨
來未晤，今日以十時始來，囑為潘時雨作保，並堅欲借五百元，
云將不令夫知，在基隆醫生處取第五胎。余告以終需告夫，且貸
以三百元。出至徐向行處，取前日所忘手錶，吃極硬之鍋魁。至
顧儉德家，洪姥姥已先在，洪叔言、朱慶治、金侯城夫婦、蘭
伯、桂伯、陸京士夫婦一桌，其房客王太太娘家海鹽宋氏未坐
席。狀元樓一席無佳味，自做熏蛋及伴馬來頭甚美。食畢，余至
蘭伯新居睡至五時，李本忠招呼余，余至中央黨部，工作會議未
散，余忘了參加。至台糖三樓董事長室，小組長張壽賢以本組
有國大代表四人，郭驥、任卓五、馬星野、沈祖懋，各得國大
年金，因請各出 150 元，以四百元定福建席，一百七十元在勵
志社購白蘭地一瓶請余。葉翔之、陳慶瑜、徐晴嵐、李士英、
□□□、□□□均至，菜味頗好，彭廚四百元則草草也。八時許
歸寓浴，數日無煤不成浴，今晚小許為尋熱水，並為擦身。許告
我有國防部騎腳踏車之小姐來尋余未獲，此人已來了兩次，不知
誰何，甚悶悶。十時炎之來借錢，無以應。

12 月 31 日　晴

　　晨孫仁來，請介紹往謁侯甦民，為推廣台灣盧君之自動窗
簾。丁溶清來，為黃季陸不允為銓敘證明，請余再介紹彼謁楊
森。侯佩尹來，留稀飯。錢馨斯來約明日午飯，問余愛吃何菜。
狄介先來，囑余致書汪大燧（炎武），為狄受和謀警官學校額外
教員或中紡公司職員，汪大燧住永康街七巷二號。陳嘉猷來，囑
查鄭君黨籍，余入黨部託芮君為之。業務會議討論補助患肺病同
志，明年每月二百元，以六個月為限。又討論和解某訟案，大概
公家不宜為告訴人，黨部人多口雜，主其事者難以應付，則中途

而罷。十一時余向中央祕書處借一千元，並附致黃強醫師書，送往永康街□□□十號，交與李本忠往北投聯勤醫院交飯費，蘭伯、桂伯均在，李本忠大悅，陪余往徐向行家，並送上三號。余轉一路入農安街十一號陳慶瑜家午宴，常熟人集者，楊佛士、翁序、浦逖生、王家栻、桑君儀、胡希汾、趙淑嘉、錢韻荷、王一厓。慶瑜字瑾功，其夫人□□□常熟人，今午自製常熟菜，以燉雞走油肉為佳，眾人皆樂。飯後至佩尹處閱中國文藝，晤佩蘭。歸至陳家小休，至陳瓊州處夜飯，福建菜紅糟雞、魚唇排骨、甘芋均美，伯稼、仲經、劉蘅靜皆樂。飯後讀洪北江傷知己賦，至錢家無人在，乃返。胡立吳於清晨攜總統所書壽字來，訝余出門太早，陳辭修以下午來贈玉石印章，文曰「君武長壽吉羊」，紹興老酒兩打，又詩軸詩云：

蘭臺藉藉舊聲名，謀國於今仗老成，
少日襟懷同水濘，平日標寄比梅清；
每從廉靖老風節，能以逍遙薄宦情，
盡省銜盃為君壽，相期籌筆共收京。

　　余未晤。中午秦純卿同曾□倬來，送森林寄來之密橘一簍十五斤，余亦未晤。

陳誠贈章「君武長壽吉羊」

錯懷長負錄

余整理居先生東北軍文件既粗就，李夫人呼余洗浴，浴已坐於慶雲堂下，乃苦憶十年前此時臥病之許卓表妹，余之拘嘘俗評缺乏勇氣，乃害最愛我之祝妹而至於慘死也。

病起之一夜，暴風雷雨吹上重慶之管家巷，妹臥晝三之內一房，余知嚴重，翌晨余起絕早問之，妹曰小腸痛是否疝氣，後方知實係癌菌，以至小腸梗塞，此病死後作尸體解剖而始知之。在病發之五年前，妹割左乳癌，割後艱於屈伸，但仍喜助人，購攜行街上坡，每提包極重，中心又多氣苦，病發祈死，余無詞可以慰之，妹偶責余，亦無詞答辯也。

為妹施開割手術者為名醫駱傳榮，晝三又為研究小心在意，而妹開刀後即生變化。弟良疇夫婦侍疾，迨瀰微到日即逝，余於翌日下午歸管家巷，見井蓮方為檢舊添新，縫製殮衣，余乃號啕大哭。是日下午殮埋於中央醫院後之愛國山（是日料理林主席喪，余未臨其穴），墓上有一棕梠，余後往展視，搖余綆淚。勝利後運回璜涇，停普同塔院，三十五年清明余至塔院拜之，是冬葬於伊父母塚之墳圈外，此乃我鄉所以葬未成年人者。妹既不得志於陸氏，與之絕，妹所生子又在妹卒之前數月已殤，余等祕此消息不使妹知，妹生前屢請領出養教，陸氏不許。妹既無奉祀之人，還以依父母塋域，為是所絕不安者。葬後余未及一往展視，而余遠離作亡人，無日時時不創痛在心坎中，實與妹同。

余三叔祖母顧氏為平伯之姑，余姑適顧隱樵，為平伯之嫂。余表姑母陸適顧，余呼為大伯，為平伯之嬙。平伯乃慎微之母，適許承岳，經伯先生以親言姻親也，姻親不便稱謂，稱表也者，

親之也。許氏之先經營布業，余外祖、余祖皆在其店中，後又營京貨、木材，余堂叔仲甘、季花皆許氏夥計。許氏遇人寬厚，余家亦德之，以讀書言亦世交，世交不便稱兄妹，故從俗稱表兄妹，表殊遠而親之甚，親之甚乃不特未諧婚配，且又確守禮教，以潔真愛，卒以悲劇演出，而余則盡情頹廢，此所以每撫生平，輒生劇痛也。

清光緒甲辰，余三叔祖父幼芝先生中風猝卒，余乃從姑丈顧隱樵先生受業。姑丈病肺，不勝教管之勞，太姻丈仲調先生亦授余讀。許氏姊妹至外家，至其姨母戴星吾家，有時亦至我家玩，時漪微已有美名，而妹炯炯大眼隨姊往來，諸事未解，余亦未注意之。

我母房中在祖母徐逝世後新添一櫥，乃以長梢木製器之餘材製成廚門，貼時報月份牌，一時裝捲髮岸起之少女側坐圓臉，一玫瑰花墜於地。余坐母側，偶注視之，母曰汝愛之乎，當擇相似者配汝，余之慕時裝圓臉種因在是。時親串中謂余應議婚宋茂堂，我家之管租曾拋說我家所有田畝飾，云我家不窮，余頗不然之，余亦不解所謂終身伴侶、家庭幸福宜選何人，余惟苦志讀書，以為婚姻事不足重輕。

漪微嫁沙溪李氏，迎娶用長轎，回門用舟，余聞迎娶之鼓樂而不悅。送回門舟出木行橋，漪微入艙，余望不見舟影，頗生悵惘，以為此人乃適外鎮不相識之人，殊覺可惜，但毫無居為己有之念。漪微入蘇州女子師範肄業，慎微後得考入滸墅關蠶桑學校，庚戌之春忽自滸關來一書，致情愫於余，辛亥革命後往還書增密，精神上兩相深戀，但不知要約為夫婦也。

馮心俠（平）為許氏婿，其妻許湘妹之堂姑，心俠為余等講南美少年軍、意大利三傑傳、法國革命史，傳閱鄒容革命軍、復

報、江蘇、洞庭湖、浙江潮等新刊物。余等英雄之會，由彼造成有英雄必有美人，一切側豔之詞心俠喜弄，余乃變本加厲而為之。某次蘭盛開，開宴後余同妹游文昌宮前園，妹偶失履，余乃譽妹足，小妹紅暈逾頸，久之不敢擡頭，余亦自驚失言，婉致歉意，乃初戀也。妹年十四，余十七。

文昌宮就奚園址改建，後有高岡，岡有大樹，立岡上可望另一部分。畫入豐茂當者，珍木叢茂當牆，三面環河，以北面河為大河，名後泥港，東止於蔣涇壩，葦楊遮岸，萍藻浮灣，漣漪耀紋，鳥魚蕩靜。余偕妹出馮家後門，則就岡身港漵散步，雖為時甚短，相倚且談，極閒適。

馮心俠家原為趙氏宅，深邃曲折，其精處為心俠臥房。自後客堂進為後房，後房前房之小庭有砌叢生蕙蘭。前房之前為書房，書房之西為花廳，一大花砌蒔紫薇、天竹等。花廳後則為客堂之庭，有一大桂樹，此為余至馮家之活動範圍。余表姑母陳蘭係余祖姑母所生，適心俠胞兄廷一，余呼心俠夫人為嬸娘，一日偶醉，余亦隨呼曰湘伯。伯者姪女稱姑之詞，隨呼乃婿拜堂後隨妻之改稱，余之慕卓意向乃漸為人所知。

卓外家安雅堂顧，余之姑母家也，堂側有小客座曰容燕，燕之後有牡丹砌，顧份昆季盛時曾開五色牡丹花。砌對面為小客堂，若矮披，與堂屋不稱。砌之一頭有㢠，卓之外祖母余之表姑母，住房皆集於是㢠之內。余與卓每遇於表姑母大伯房，坐竹椅聽大伯說故事為樂，余姑母則住安雅堂後客堂側一房，每治點心款卓與余，則在房內方桌對坐而食，妹最愛餛飩。

卓之胞姨母適戴省吾，住房與余適戴胞姐穎芬之房為鄰，余亦得見卓於戴氏，姨母極賢淑，愛妹甚摯。此外卓偶至鄭植三家省其姑母，鄭與余家為鄰，余在家讀書時為多，不便追蹤求妹，

偶爾一遇，覺心情跳躍，若觸電流時。八字橋凌家茶館請姜鳳蓀、王鳳卿彈唱傳奇，不免有才子佳人之渲染，余偶往聽書，以為余幸獲紅妝青睞，不敢以卓為佳人，且以為入傳奇便落窠臼，不足羨也。

卓返里似在年假，春假蠶校在漕墅關，關當運河，校舍矗立在鄉間。出蘇州城，陽山山脈伸向西，其後側為太湖，凝煙積翠，空濛秀麗，使有情者易感，善愁者添病。其同學若陳羣之、許蘇民女皆瓏瓏心竅，解事知憐。妹偶覺空虛，尤以蠶三眠上簇，竟夜無眠，則偷以綱筆書素紙，封寄上海龍門師範，告余胸所懷想，要余作答。

余初得書，正肄業龍門師範，校舍為李氏吾園，禮堂有水環繞，通以三橋。自修室宿舍前錦樹界圈，雜花呈豔，每室約十人，人一方櫃，櫃以置書，亦以遮隔別人視線。卓書初到，珍祕萬狀，蓋當時讀書革命，勇猛精進，如墮情網，志氣必減，不能使或者偶知之也。

後數月卓索余相片，並以代購手方、羅襪命余。余入城隍廟攝一影，題以高陽臺詞曰：

秋月春風，調琴說劍，銷磨十九年華。乘馬登樓，劇憐游子天涯。斷鴻流水將人老，甚風流、眉宇堪誇。渺愁余、清比梅花，瘦比黃花。
蛟龍豈是池中物，奈艱丁陽九，簫鋏咨涯。莫自等閒，轉頭塵俗相加。男兒應有扶搖路，問青天、何處為家。坦堂堂、氣壯長虹，心燦明霞。

並往洋貨店選件寄之。當時不知寄往女學校以青年照片太嫌冒失，又恐職員檢信妨礙及妹，後得覆諸件照收亦無事。

余師範同學年長於余者娶妻生子，而長子多夭，余等稱為東敗於齊。年與相若者無人有女友，甚至連傳書遞簡亦絕無之，純讀書風氣中余乃例外，心常惕惕。

余與卓不能議婚配者，卓因祖母命，自幼締姻於沙谿陸鍾秀，與我志清伯家為鄰，鍾秀智慧遲開，在小學常不能升級，雖家道殷實，而非卓所願。其時離婚解約雖有行之者，而解前約另締，另締而有所為者尚不為社會俞允。況祖母健在，持之必堅，經伯先生孝順，守之必固，而我家以仁厚稱，我父決不任余如此。此為先天之缺陷，為不可解之一環。

論家庭之肅穆寒香，以我家為著，卓之淑伯為湘之胞姊，適王允孫時已傳與馮心俠有私，更盛傳過蘇州曾押娼門，淑長髮委地，身體結實，為心俠梳頭事誠有之，娼門實傳之過甚，論實際此與卓無關，而婚配往往論及家世。其時許、狄似難論婚，男不是膺，女不是卓，亦不易締姻，況卓早定，更無從譚起。至許家擁有婢僕，設有行肆，貧富既懸殊，難責新婦以操作，更與吾家傳統理論、當日環境、選擇長媳之條件相去甚遠。余甚愛卓，而未敢於父母前吐露半字。

至某年暑假，則余愛卓一節在許家顯露，有楊林一者以幾何畫具畫圓形，空以飛白字聯語，余以贈卓，經伯先生執問何來，人傳卓不免受責，余乃上經伯先生一書，其略曰「鑑不敏不能深自檢束，致於春假中與祝妹有所約，愛苗茁自中心，兩情通於紙上。然入夏以來頗以為悔，明知不能合而屢空言以慰之，使祝益陷於痛苦，皆鑑之過，非祝之罪。望伯置之，勿加責於妹，乃至騰聲於外方，不至貽兩家羞也」。

　　書往，得許承岳一回片。馮心俠係知其事者，見片點詰曰「此片何來」，余語以故，馮乃徐曰經伯先生非不樂得鑑為快，顧事經前定，難以更改，願君亦置之，以此為止耳。

　　余極悵惘，遇酒痛飲至醉，在馮家暢哭，歸家又痛哭，家人皆不解。余二弟子畏至，謂飲酒得無中毒，余自後鼻衄咯血，諸病交作。

　　余自後心意墮落，既不思讀書，又懶於講話。某日檢視曾漬淚痕之素巾，題念奴嬌曰：

痴情難滅，對區區鮫帕，神魂淒絕。月比光華花比潔，一樣令人憐惜。隱隱啼痕，斑斑血淚，深淺殷勤覓。相思種子，是誰愁遣行客。

猶憶攜手武陵，揚巾邀燕，飛舞趁輕翼。絮語叮嚀簾幕畔，珍重來朝相別。流水情長，紈紗命薄，撫弄傷緣缺。吁嗟盈尺，此後離愁層積。

　　久之余頹喪狀為卓所悉，乃來諍之曰，「君不能終於頹喪，窮壤僻鄉生才之難，毀之乃由我耶，君誠能出類拔萃，為建國而努力，庶足塞余之望，而慰余之懷，不能合併，天也。」由是膚乃奮起，多從革命黨人游，草癸丑討袁氏檄，記甲寅四月旅行，題趙伯先生之墓，譯退納遜輕騎諸章，皆成於是時，不復作傳奇中束巾病生之態。

　　顧余宜尋一可配之伴侶，得其人而終失之，女家無人作主，而余仍以既不能如意，則婚姻事無足重輕。其人終因遇人不淑，受委曲糟塌以死，則又余之罪也。顧氏延鴞，小名穎官，父星聯先生，諱應奎，與叔應辰為發起璜涇兩等小學之捐資者。母太

倉王氏，祖諱某，曾祖潤南先生諱承藻，舉人，蕪湖縣學訓導，與膺曾祖同受業於施潤齋若霖先生之門。顧家與余家隔一姚蕩，後牆相鄰，須過姚蕩橋，前門鄰為顧家之市房，過薛家橋則為顧宅，入門為經德堂，夏寶全仿歐陽率更體書扁。堂右為棣華廬，為花廳，左為河棚臨姚蕩，為書房，天井疊湖石為假山，書房樓為西席，臥室後為倉房。

經德堂後為廳樓，連後堂樓，鄉人稱曰通轉走馬樓，其門面之一右間女鄰人錢琴設肆，售絨線之屬。穎方臉長辮，短裝單褲秀雅，微黃齒，中縫微焦。自幼余長往其家，觀道士僧人做功德，與之相識，至是長成，溫柔坦白，毫無機械之心。某日與余在絨線店堤橋比腳長短，易履以試，尺碼相同，本為戲嬉，而錢琴則曰亦有意乎，彼此可為婚配也。余憐其孤女，後數日贈以照片，穎藏於短裝衣幅間，余曰曷商之家人，如肯出庚帖，余無不願，穎默然無語而退。

穎商及母氏與伯姑、太小姐與否余所不知，惟知穎嫁有奩田二百畝，此則非我家之所願聞。馨士先生娶繼妻為曾氏，為洪家市人，有豔名及不謹名，馮心俠又與相通，得宋本文苑英華，余疑是顧氏珍藏之書。心俠願他人與己同行，指穎之侍女慧寶為不令之婢，余聞而惡之，數月不談顧家事，此姻遂擱置。迨穎既嫁而不淑，余亦娶人不當，余乃歎曰此事豈可由孤女向不作聲者作主動，余之拘照俗評缺少勇氣，乃又陷害一真誠愛余者死不得其所也。

穎後嫁常熟某氏，何年出嫁，嫁幾年而病，病如何而死，余至今不之知。大概余肄業北京大學後穎出嫁，余至法國留學時穎乃死耳。蓋自接受余之照片後，未曾一面也，聞穎嫁後為其姑裝吸鴉片煙，其夫又傳染伊花柳病，穎感痛苦，吸煙以解，遂受凌

虐，腐潰至死，葬常熟某地，余未探得。

　　膺自滬錫通車之後，常往常熟世交舊族，宴飲無虛日，琳宮梵宇，瞻禮殆遍。輒念我延鵁與念得諧鳳侶，則小榆樹頭之家不至冷落如是，乃至寶巖白鴿，劍門拂水，西湖涼船，北門酒館，必為我二人蹤跡所經。穎雖不甚讀書，清雅在骨，凝神一笑，毫無渣滓，尤可念也。

　　天之作弄人往往極劇情以謔，自余失許、顧，我父以冬日入城，因何家市學生黃振民服務於太倉平民習藝所，宴請我父並留宿。所中訓誨師顧履衡先生在席作陪，顧酷好盃中物且詼諧善言，洞明庶務，與吾父酒酣，互詢幾男幾女，云若長男取余仲女，或余仲女許配若長男，庶幾相當。是語之後，兩翁即入醉鄉，及翌晨言別則皆忘昨所云云矣，而黃振民祈報師恩，蹇修自命，又向履衡先生言之。記冬日某下午，履衡先生長車下璜涇，止於許經伯先生家，探聽余之人品。許家以膺得定婚為利，加譽以慫踊之，其明日先生欣然而回，因是盛稱膺足紅繩將繫於東頭矣。東頭者，璜涇人以稱劉河、茜涇、楊林、浮橋等處之詞，是等處人稱璜涇為北頭。顧在楊林為甲族，履衡及父潤農皆秀才，其時余父母志在得媳，媳而讀書教書，謂與兒庶幾匹配。孰意顧家自潤農即有神經病，履衡亦微癡，號曰三癖，在楊林為鄉董，不免武斷鄉曲，敢作敢為，與我家寒儒純謹，半步不敢走錯，半文不肯妄取者絕對不同。而余曾於是冬詢龍門同學楊林顧楚材，楠楠答曰仲女名瑛，自號綴英，下筆酣暢，獨嫌性情……其時余不知夫婦間性情有關家室和諧、後嗣秉賦，以為終無不可化者，那知撼山易撼，性情卻難，悔無及已。

　　在是秋陰曆八月十八日，余憶曾往蕩茜錢涇觀海，止於有竹居。戴氏佐泉顧氏婿，卓之姨夫佩明愛金石書畫，貢三與余最

善。是日余先往戴家，卓遲一時許亦到，事非前約，而佩明欽余才華，摹卓風度，自云已老，而樂觀後生玉樹對海臨風。是集壺榼精潔，鶴舞人酣，戴氏昆季聯翩歡樂，不知卓與余心早被斫傷，各懷奇痛。其時又盛傳鄉董會議，公呈撰寫立時而就，出於璜涇許鄉董才女許卓，一縣皆驚。

其時我家窮困之狀已入高度，余肄業師範，每年所費有限，仍需非借即質，始有來源。師範將卒業，表兄葉潮有皮袍馬褂在蘇州某當，余贖來上身，長寬兩不稱體，又多摺痕，同級生皆笑，余則安之。余又穿此衣赴崑山陸家浜第二高小接洽教務，徐公緯曾見之，後語余曰人小衣大，任其自然，非才足以自信，決不穿此衣。

在東莊教書二月，月得三十金，積二月可購飾金一兩。余赴唐海平表兄續娶喜筵，自往上海裘天寶購指珥文定顧瑛，其時解尊親之困難，奮起自己解決，並非意之所願，亦非意之所不願。東莊校舍似為廢寺，後樓過河乃有塔院，一溪護校，四鄉船隻悉來，余所居韞玉樓楊柳初長，梔子初花，月上時滿樓通明，偶得卓書，乃不復道衷心所苦，惟祈余向上，弗許意態銷沉。余在箋後輒題以小詩，今記憶不全。

是歲為民國四年，是冬文昌宮前院課堂坍塌，余四弟豫為椽木壓斷左臂，我父方移往浮橋一校任校長，趕回送受傷生童到崑山閔采臣處治瘳。余陪四弟覆診，乃同三弟晉歸舟購東坡醬蹄，擲陞官圖為解悶之計，由是感於家境困頓，不能安於小學教員。五年春假，杭縣李吳禎來東莊，勸余投考北京大學。是夏在上海投考，獲取文科第八名，是秋入北京。卓之叔祖許楚卿先生卒於上海，余得許氏所給安平輪招商局免票在楚卿先生開弔之後，自是許氏三房皆衰落。

余入北大三年，第一年同顧頡剛在東高房組大學公寓，第二年同顧頡剛移住西齋丙字四號，第三年住東齋□□，與田炯錦同房三年，皆不得卓函札，蓋以既得促余上進，更不願使余分心。至五四運動起入獄，綴英有信慰勉，卓則無之。

五四之年鬧風潮，任策畫，充代表，赴杭州，歸北京，入看守所，蔡先生回校，給研究員月薪五十元，其時研究系款余為客，余懼流為政客。八年之冬以回南完婚登報離吉祥寺，蔣仲川、程國榮穿軍裝硬送行李上車，張庭濟抱贖出之皮袍上車箱相送，余尚記得，其他離京狀況今皆模糊。

婚期為民國九年一月十（？）日。

在婚前之五日，卓到我家，我母治餛飩，移至臥房抽屜枱上請卓小姐進點。卓淚籟籟落餛飩湯中，仍鼓勇食盡一碗，余在旁默不語。久之卓云余之書信不願落別人手中，請檢還。余開深抽屜，檢絲巾一包還之，包中不僅來信，亦有余去信稿，中有悔有此遭遇而自為解脫語。卓後執以問，哥果寫此何為者。余深愧男女相愛，女子之癡過男子，男子不能絕，我仍作某種打算，而使妹益為傷心。妹卒後數年，愷儔弟見此包於滬西金家，謂再可還余。余云若得此，當封固於金屬匣中殉余以葬耳。今則無此可能。

婚日，卓奉父命來賀余家，請唐允宜為儐相。婚之夕余妻詳詢顛末，連顧延鵷事妻亦知之，瑛之姑適王，延鵷母族也，余詳告之，妻似諒解。後數日卓來，妻與之約為姊妹，婚夕又有聯句駢文曰鸚鵡聯歡記，馮心俠、戴貢三諸人所作，以頌顧綴英與狄君武之結合。時余以愛國青年出獄門、入洞房，諸所稱頌，足起歆羨，惟新房中懸有瀟湘雁影圖，則為賀客所不解。

此蓋瀟湘雁影第一圖也，徐悲鴻作水墨，竹叢雄雌雙雁，並

有跋云八年之冬，將有法行，君武兄命作是圖，未告我用意之所在，然睹此煙雨迷離之狀，已令人感不堪回首矣。後數日余父清晨上樓，親易以惲壽平耄耋圖紙本設色，惲之少作留於我家者。

婚後不滿匝月，值陰曆過年，父愁困乏。余以新易緞面之羊皮袍曰貂氅者親往豐茂當質之，得五十元，余妻問皮袍，余曰入春穿紫毛，不須大毛。是衣為余穿大毛之始，至友顧君純一於民五冬日陪往瑞蚨祥購縫者。先是天漸寒，余穿一小毛袍，純一曰不可過冬，余曰可，再催則知余僅此一件，純一貼二十餘元始購成余所當者。此衣張柱中抱至東車站箱還余者第一件也。余妻家亦貧甚，余問定婚金飾，妻曰早已為我父換了酒吃，此皆雅舉，余並無不樂。

余婚後任龍門師範舍監兼教員，某日下午遇南社社友黃質（濱虹），請繪瀟湘雁影圖。濱虹不數日寄來飛白竹數竿，赭雲溪水間雙雁，題詩首句乃「帝子韶華，玉已沈也」，後吳帆作水墨乾擦一圖。題瀟湘圖始於北苑，盛於米氏雲山也，嗣蔡哲夫、張傾城、呂鳳子、黃蘅皆有圖，吳在、曾公治、周承忠、錢劍秋皆有題字，顧頡剛題二絕云：

幾度秋山許比飛，一朝歌哭兩相違，
可憐雁影渾無定，欲向瀟湘問所歸。

冥飛苦有夜煙寒，應羨鴛鴦水底安，
今夕與君翻畫幅，行雲斷處一汍瀾。

余謝。蔡哲夫惠圖有「雁奴鴻婦望成空」等句，三十八年攜至廣州，入冬行李失於成都寄張星輝家，不知今生能再見之否。

我卓妹則除第一圖外，其餘皆未見之。

卓愛為人服勞，洞明世事，而不甚愛文藝。諒其體力禁不起再愛文藝，再多閱愛情小說，其悲傷將不堪也。余則於新娛樂不愛，電影不羨極熱愛之鏡頭，我則無之，不欲溫生離死別之境界，殆有甚焉，不欲觀暴風雨雷電交作，此為奪我愛人之前奏。乃有時為人所嬲，所怕見者往往而有，然則吾妹不能不閱書，書中絕無情愛故事也耶。

民國日記 109

狄膺日記（1953）下冊

The Diaries of Ti Ying（Diffoutine Yin），1953
- Section II

原　　著　狄　膺
主　　編　王文隆
總 編 輯　陳新林、呂芳上
執行編輯　李佳若
封面設計　溫心忻
排　　版　溫心忻
助理編輯　詹鈞誌

出　　版　**開源書局** 出版有限公司
　　　　　香港金鐘夏愨道 18 號海富中心
　　　　　1 座 26 樓 06 室
　　　　　TEL：+852-35860995

　　　　　民國歷史文化學社 有限公司
　　　　　10646 台北市大安區羅斯福路三段
　　　　　　　37 號 7 樓之 1
　　　　　TEL：+886-2-2369-6912
　　　　　FAX：+886-2-2369-6990

http://www.rchcs.com.tw

初版一刷　2024 年 11 月 20 日
定　　價　新台幣 420 元
　　　　　港　幣 140 元
　　　　　美　元　20 元
Ｉ Ｓ Ｂ Ｎ　978-626-7543-34-4
印　　刷　長達印刷有限公司
　　　　　台北市西園路二段 50 巷 4 弄 21 號
　　　　　TEL：+886-2-2304-0488

國家圖書館出版品預行編目 (CIP) 資料

狄膺日記(1953) = The diaries of Ti Ying (Diffoutine
Yin), 1953 / 狄膺原著；王文隆主編 . -- 初版 . -- 臺
北市：民國歷史文化學社有限公司，2024.11

　　冊；　公分 . -- (民國日記；108-109)

ISBN 978-626-7543-33-7　（上冊：平裝). --
ISBN 978-626-7543-34-4　（下冊：平裝)

1.CST: 狄膺　2.CST: 立法委員　3.CST: 傳記

783.3886　　　　　　　　　　　113015969